阿德勒正面管教
心理学

[奥] 阿尔弗雷德·阿德勒◎著

杨景林　杨中杰　严勇俊◎译

中国华侨出版社

·北京·

图书在版编目（CIP）数据

阿德勒正面管教心理学 /（奥）阿尔弗雷德·阿德勒
著；杨景林，杨中杰，严勇俊译. -- 北京：中国华侨
出版社，2024. 12. -- ISBN 978-7-5113-9355-5

Ⅰ. G78；B844.1

中国国家版本馆CIP数据核字第20248XM244号

阿德勒正面管教心理学

著　者：[奥] 阿尔弗雷德·阿德勒

译　者：杨景林　杨中杰　严勇俊

出 版 人：杨伯勋

责任编辑：张亚娟

封面设计：谢少红

经　销：新华书店

开　本：880毫米×1230毫米　1/32开　印张：6.5　字数：130千字

印　刷：定州启航印刷有限公司

版　次：2024年12月第1版

印　次：2024年12月第1次印刷

书　号：ISBN 978-7-5113-9355-5

定　价：58.00元

中国华侨出版社　　北京市朝阳区西坝河东里77号楼底商5号　　邮编：100028

发行部：（010）64443051　　传　真：（010）64439708

如发现印装质量问题，影响阅读，请与印刷厂联系调换。

译者序

　　阿尔弗雷德·阿德勒（Alfred Adler，1870—1937），是奥地利著名的精神病学家。1888 年，阿德勒考入维也纳大学医学院并于 1895 年取得医学博士学位，初为眼科医师，后转向精神病学，成为弗洛伊德的忠实追随者，并成为弗洛伊德精神分析学派的核心人物之一。后来，阿德勒因不满弗洛伊德的泛性论而开始反对弗洛伊德的精神分析学。于是，他自立门户，创立了"个体心理学"。

　　弗洛伊德关注的是性本能和个体潜意识，而阿德勒的个体心理学更偏重家庭内部关系，看重现实生活对个体的影响，强调人的行为模式可以通过教育得到矫正，所以被认为更具有实用价值。事实上，对于普通人来说，每天面对的就是家庭生活、学校生活、社会生活，围绕自身的问题尚且纠缠不清，更无暇关注精神疾病、心理疾病了，这使得阿德勒的个体心理学逐渐盖过了弗洛伊德的精神分析学。加上人们越来越重视心理教育的作用，一时间，阿德勒写的《阿德勒正面管教心理学》声名大噪，影响至今。

首先，本书肯定了人格的整体统一性，即对问题儿童的研究必须建立在承认人格统一性的基础上。阿德勒承认，人类行为取决于其所处的社会环境，任何细小的问题都需要放在整个大环境中去剖析和挖掘。其次，本书认为人类一切行为都是以目的为导向的，孩子也一样，但通常孩子为了达到目的做出的努力既笨拙又无力，于是行为表现得荒诞无稽，且孩子的渴望越急切，行为上就会错得越离谱，最终陷入恶性循环。孩子确立目标往往是为了追求优越感，这涉及人性共有的"自卑情结"。如果孩子的目标错了，追求的方向也就错了，行为更是错上加错，归根结底，一个"误入歧途"的孩子，往往是因为他丧失了自信心。

挖掘问题根源是为了解决问题。阿德勒认为，要想解决儿童的种种不良行为，必须培养儿童的社会情感，也就是培养他们与人合作的意识，真诚地为社会和集体服务的责任感。同时，阿德勒指出，教育者无论是老师还是父母，大多认识不到这一层，或者他们因为太忙，没时间培养孩子良好的品格和社会技能，只一味责备、惩罚孩子。而正面管教是通过培养孩子的社会情感，来帮助家庭教育和学校教育走出误区。

译者在翻译的过程中，秉持尊重原著的精神，力求准确地传达阿德勒的观点和意图。希望广大家长和教育工作者通过阅读本书，能够重新看待儿童问题，深究每一个不良行为背后的根源，从而积极干预、正确引导，帮助广大儿童在人生的道路上茁壮成长。

杨景林　杨中杰　严勇俊

目　录

导　言　写在前面的话 　　　　　　　　　　／　001

第一章　人格具有统一性和整体性 　　　　　／　015

第二章　追求优越感与它对教育的启示 　　　／　025

第三章　正确引导儿童追求优越感 　　　　　／　039

第四章　儿童都有不同程度的自卑感 　　　　／　049

第五章　预防儿童的自卑情结 　　　　　　　／　061

第六章　培养具有社会情感的儿童 　　　　　／　073

第七章　家庭环境与儿童的心理健康 　　　　／　085

第八章　新环境对儿童的考验 　　　　　　　／　093

第九章　儿童在学校的表现 　　　　　　　　／　105

第十章　外界环境对儿童成长的影响 　　　　／　121

第十一章　至关重要的青春期和性教育 　　　／　133

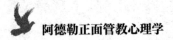

第十二章　一个教育失误的例子　　　　　／ 145

第十三章　完美的儿童教育需要父母参与　／ 153

附录一　个体心理学调查问卷　　　　　　／ 161

附录二　五个儿童的真实案例　　　　　　／ 169

导　言
写在前面的话

从心理学的角度来看，成年人的教育无外乎两点，即自我认知和来自理性的指导。其实，这两点同样适用于儿童教育，只不过儿童尚未发展成熟，更需要外界给予正确的指导，当然，成年人也并不是说完全不需要这种指导了。或者，你想要让儿童完全按照他们自己的意愿成长，那他们估计得花费两万年的时间，且只有在条件允许的情况下，才有可能达到一个正常的现代成年人的文明标准。显然，这种方法是不现实的，所以成年人必然要对儿童的发展进行理性指导。

　　不过，问题来了，成年人自己就面临一个很大的困难——无知。成年人是否真正了解自己，包括了解自己的情绪，了解自己的喜好和厌恶。也就是说，成年人想要了解自己的心理已经够困难了，而现在还要求他们用正确的认知去了解儿童、指导儿童，这无异于难上加难。

　　个体心理学是一门专注于研究儿童心理学的学问，除此之外，它还有助于成年人了解自己的性格特征和行为。个体心理学将理论和实践紧紧联系在一起，集中研究人格的统一性，研究其为了发展和表达而做出的不懈努力。从这个角度来看，掌握科学知识本身就意味着掌握了实践生活的智慧，因为这种知识能让人认识到什么是对的、什么是错的。拥有这种知识的人，无论他是心理学家还是父母、朋友，都能立刻明白应该如何将这种知识运用到指导人格发展上。

　　之所以如此，是因为个体心理学的方法和主要内容本就是一个有机的整体。它认为个体的行为本就由人格的统一性所驱使和引导，人类的行为本就能反映人类内在的心理活动。该导言部分会将个体心理学的观点全面提炼出来，后续章节将详细地引申这里提到的问题，再加以探讨。

　　人类在成长过程中呈现出这样一个根本事实，即人类的心灵从未停止过追求进步的想法。一个孩子从呱呱坠地开始，就在不断地努力发展、完善和超越自己，这是无意识的行为，但它无时无刻不存在。这种奋斗不息的精神、这种追求的形成，正反映了人类所特有的思维和想象能力，它们必将贯穿我们一生，体现在我们所进行的所有具体行为中。它们甚至主宰着我们的思维，因为我们的思维并不是单纯客观地去思考，而是围绕我们所树立的生活目标、所形成的生活方式来思考。

　　人格的统一性隐藏于个体的生命生活中。个体既代表了人格的统一，又代表了其对这种统一的塑造。因此，一个人既可以是画作，也可以是创作这幅画作的艺术家。虽然他创作了自己的人格，但作为一位艺术家，他的技艺并不那么娴熟，对自己的灵魂和身体也没有全面、透彻的认知，他只不过是一个软弱的、极易犯错的、不完美的人。

在考虑人格的构建时，需要注意一种普遍存在的缺陷，即人格的统一性、特定风格和目标并非建立在客观事实之上，而是建立在个体对生活事实的主观看法上。人们对一个事实的看法，永远不等同于事实本身，正因为如此，生活在同一现实世界中的人会以不同的方式塑造自己。每个人根据自己对事物的看法塑造自己，这些看法有的是合理的，有的则不够合理。在人类自身发展的过程中，我们必须始终将个体本身的错误和失败考虑在内，尤其要考虑早期童年时期所做的错误判断，因为这些错误的认知会主导我们后续生活的发展。

有这样一个临床案例：一位 52 岁的女士总是刻意贬低比她年长的女性。后来通过她讲述自己的童年经历，我们得知她有一个姐姐，她姐姐总能得到所有人的关注，而她总感觉自己被轻视，因此恼羞成怒。用个体心理学的纵向观察来看，不难发现，这位女士从生命的起初到现在，一直有着相同的心理机制和相同的心理动态。也就是说，她一直害怕被轻视，并且一旦发现别人比自己更招人喜欢，内心就会愤愤不平。既然已知这个事实，那么就算对这位女士的生活或她特定的人格统一体一无所知，仍然可以洞察她的心理特征。这时，心理学家需要化身为小说家，按照一条明确的主线构建起一个人的人格，并且从一言一行、生活方式或行为模式方面保障其人格的统一性。优秀的心理学家在掌握了带有个性特征的"生命线"时，就仿佛拥有了一定程度的未卜先知的能力，即能够预测到这位女士在特定情境下会做出怎样的行为。

努力奋斗或设立目标，是构建个体人格的重要因素，但这一前提建立在另一个重要的心理事实的基础上，那就是自卑感。儿童天生具有自卑感，而这种自卑感的存在，激发了儿童的想象力，让他们去开动脑筋试着消除心理上的自卑感，或者通过改善自身处境来降低自卑感。从心理学的角度来看，通过改善自身处境降低自卑感的行为，就是一种心理补偿机制。

关于自卑感和心理补偿机制，有一点需要特别注意，就是它可能大大增加了犯错的概率。自卑感可能会激发人们想要实现客观成就的愿望，也可能导致人们做出纯粹的心理调整，以扩大自身与客观现实之间的鸿沟。或者说，如果自卑感太过强烈，那么就不得不激发心理补偿机制这种唯一能够克服自卑的方式，但这或许对改善实际情况毫无意义，只能满足心理上的某种需求罢了。

有三类儿童的性格明显展现出补偿性特质：第一类是先天虚弱或有生理缺陷的儿童；第二类是从小受到严厉对待，缺乏家庭关爱的儿童；第三类是被溺爱的儿童。

我们可以认为，这三类儿童代表了三种基本的成长处境类型，以方便理解和研究儿童的发展。并非每个儿童先天就有生理缺陷，但令人惊讶的是，很多儿童表现出了与这类儿童，尤其是先天有严重生理缺陷的儿童相同的心理特征。至于被溺爱和缺爱的儿童，几乎或多或少具有第一类儿童的心理特征，或者兼具两类或以上的心理特征。

以上三类儿童无一例外地都会产生一种自卑感或不满足感，并表现出一种超越自身力量的、追求优越感的欲望。自卑感和追求优越感同属人类生活的两个不同阶段，因此二者是不可分割的一个整体。从病理学角度来看，很难断定究竟过于自卑还是过于追求优越感更具危害性，因为它们总是按照一定波动一起出现。在儿童身上，我们看到的更多的情形是，过于自卑往往引发过度的欲望，从而产生过大的不满足感。而这种由失衡的欲望所滋生的不满足感不会对儿童的生活产生积极有益的影响，甚至有可能与儿童的性格特征和个人品行扭曲在一起，刺激着儿童的整个生长周期，让他变得过于敏感，总是提防着自己免于被伤害或被轻视。

这类案例在个体心理学的书籍中屡见不鲜。这种性格的儿童在这种处境下，大多成长为埋没潜能、"神经兮兮"或性格古怪的人。当这类人的性格发展到极端时，就会变得只考虑自己，丝毫不顾及他人，最终发展成不负责任的人，乃至走上犯罪的道路。这类人无论是在道德方面还是在心理方面，都成了绝对的自我主义者。他们中的某些人为了逃避现实和客观事实，会为自己构建一个新的世界。在这个虚幻的世界里，他们终日沉溺于幻想，以期获得心理上的平静。他们在想象中构建出虚幻的现实，从而达到现实与心灵的和解。

因此，心理学家和父母需要时刻观察儿童的社会情感情况，因为它是儿童是否得到了正常发展的决定性因素。任何扰乱社会情感发展的因素，都将对儿童的心理成长产生巨大的负面影响。因此，社会情感就像一张晴雨表，我们完全可以把它作为判断儿童是否得到健康发展的标准。

观察一个孩子进入学校时的反应，是了解其社会情感发展状况的最好办法。进入学校对孩子来说是早期的一个严峻考验。学校对孩子来说是一个新的环境，因此对进入学校的态度，会显示出孩子是否已经做好面对新情况的心理准备，尤其是是否已经做好去结识新朋友的准备。

在一些成年人的记忆里，学校时光就像一场噩梦，这主要是因为他们当时没有做好充分的心理准备去应对学校生活。当然，如果学校管理得当，通常会弥补儿童在早期教育中的缺失。理想的学校不仅应传道授业，还应教会孩子认识生活并学会生活的艺术，以及充当家庭和现实世界之间的桥梁。

在等待理想学校出现的同时，我们可以着手处理家庭教育中存在的弊端。如果家长没有很好地教育儿童如何与他人交往，那么儿童在进入学校后就容易被孤立，情况严重的，甚至会被贴上"怪胎"的标签，而这会进一步加重孩子的孤僻倾向。结果就是，他们的正常发展受到阻碍，最终变成问题儿童。这时，人们常常将这个问题归咎于学校，但事实上，学校顶多算作一面镜子，只是将家庭教育中存在的问题映射出来了。

那么，问题来了，被定义为问题儿童的孩子，是否能在学校生活中得到改善？遗憾的是，这在个体心理学中并没有定论。个体心理学只能证明，当一个孩子一入学就遭遇挫折时，这意味着孩子的心理已经出现了问题。这不是学习上的问题，而是心理上的问题，说明他已经不再自信，开始沮丧，甚至开始逃避正常的任务和努力途径，并试着寻找一条通向成功的捷径。这是一条不必获得社会认可的道路，他只需要得到自己的认可，并以此获取优越感来弥补自卑感。这条道路对失去信心的人来说极具吸引力，因为它能快速满足个体的心理需求。他只需要摒弃社会和道德赋予的责任感，打破游戏规则就能轻松成功，这要比走那条社会认可的道路轻松得多。然而，走在这条轻松获得优越感的道路上，无论他外在表现得多么英勇无畏，其实内心充满了软弱和虚无。这种类型的人只会做万无一失的事，以确保展现出自己的优越感。

这就像很多犯罪分子，尽管表面看起来有一种不计后果的无畏感，但其实内心脆弱无比，在没有危险的情况下，表面上越勇敢的儿童越暴露出其内心的懦弱。例如，我们经常看到有的孩子（有的成年也是如此）总是借助其他物体才能站直身体。如果靠传统的教育方法纠正儿童，如警告孩子"不要依靠其他东西"，那么，也只是治标不治本，真正的问题是孩子总是需要借助其他物体的支持才有自信或胆量。传统教育方法只是家长通过奖惩的手段让孩子改掉这种坏习惯，但孩子内心深处渴望获得巨大支持的这一潜在需求并没有得到满足。好的教育者往往能看到深层的问题，从而对症下药，解决潜在问题。

通常，我们可以透过某种迹象，解读儿童特有的心理素质。例如，有的儿童特别依赖某物，那么我们便可以看出他具有焦虑、依赖等心理特征。如果将他与其他类似案例对比，那么我们便可以重构这一类型的性格特征，从而得出这个孩子是被溺爱的孩子的结论。

现在，我们再来看另外一种儿童的性格特征——缺乏爱的儿童。这类儿童的特征最突出的一点是，他们在童年时期受到过苛待，由此性格中发展出了坚韧、嫉妒、仇恨的一面，这让他们无法忍受看到别人享受幸福。当然，嫉妒不仅体现在穷凶极恶的人身上，正常人也有。当他们作为家长时，不允许孩子比他们小时候更幸福；当他们作为与儿童没有血缘关系的监护人时，也是如此。

需要指出的是，这种教育并非出于恶意，而恰恰反映了教育者在童年时遭受过严苛的对待。长大后，他们继续编织出各种理由来粉饰这种教育，如"玉不琢不成器"等。同时，这种家长总会拿出百般理由和案例证明自己的正确性，但这种教育模式注定是无效的，更不具备说服力，它只会让孩子疏远与他们的距离。

心理学家可以通过探索各种症状并将其联系起来建立一个系统，由此揭示个体所隐藏的心理过程。在实践中，当我们通过这个系统审视每个要点时，实际上就是在观察个体完整个性的一部分。当每个要点都显示出一致性时，结果才是令人满意的。可以说，个体心理学既是一门科学，又是一门艺术。需要强调的是，推测的方法和概念体系不能生搬硬套地应用于每个研究个体上。在所有调查研究中，最重要的是个体本身。我们绝不能仅通过一两个例子就草率地得出某种结论，必须尽可能地寻找所有可能作为支撑的论点。只有当假设得到证实，且在他的行为中的其他方面也能找到执拗和信心缺失时，我们才能确定他的整体性格中包含这两个方面。

当然，还有一点需要注意，即研究对象应当不了解自己的行为表达方式，没有办法隐藏真实的自我。一个人的个性往往可以隐藏在他的语言中，但可以通过行为显露出来，这意味着我们不能通过他对自己的看法来了解他的个性。有时候，他并不是在刻意隐瞒自己，而是因为在有意识的思想和无意识的动机中间本就存在着一条难以跨越的鸿沟。能填补这条鸿沟的，只有一个客观而富有同情心的旁观者——可以是心理学家，也可以是父母或老师。这个旁观者应该学会根据客观事实来解读一个人的性格，因为客观事实往往能真实地表现研究对象的个人追求，哪怕研究对象并未意识到这一点。

因此，没有什么比回答以下三个问题更能揭示真正自我的了，这三个问题是关于个人和社会生活的基本问题，第一个问题我们之前已经讨论过了，它涉及社会关系问题。社会关系表现为某一项具体任务，那就是如何结交朋友并与他人融洽地相处。个体该如何面对这个问题？个体的答案是什么？当个体的回答是无论是朋友还是社交都对他无关紧要时，那么他的真实答案就是冷漠。而我们可以从这种冷漠中推断出他的个性倾向和构成。除此之外，我们还应注意到，不是说结交朋友并与他人融洽地相处就是全部的社会关系了，它还包括关系中所存在的一些抽象的东西，如友情、真诚、忠诚、志同道合的情谊等。研究对象所做出的关于社会关系的回答，往往也能揭示出他对这些抽象观念的看法。

第二个问题涉及对生命的看法，即个体想要怎样度过一生，或者说个体想要在社会分工中扮演怎样的角色、发挥怎样的价值等。如果说社会问题是由多个"我—你"的关系组成的话，那么第二个问题就是由"人—世界"这种基本关系决定的。在这种关系中，我们可以把全人类当成一个整体的"人"，这就意味着这个"人"必须与整个"世界"和谐相处。他想从世界中得到什么？现在又回到了第一个问题，因为这并不是单方面或私人的事务，而是人与客观世界之间的事务。这是一个双边关系，在这个关系中，人并非占据主导地位。也就是说，一个人的成功并不是由个人意志单独决定的，还与客观现实有关。因此，研究对象对这个问题的答案以及得出答案的方式，往往就揭示了他的性格和他对待生活的态度。

第三个问题涉及人类有两种性别这一客观事实。因此，这个问题依然无关乎私人的、主观的事情，而是与内在客观逻辑有关。个体怎样看待异性和与异性的关系？这不是典型的私人观念，而是要全面慎重地考虑与异性关系的所有问题才能得出正确的解决方案。可以说，如果一个人无法正确对待和处理婚恋问题，就代表这个人在人格上存在缺陷。此外，错误地解决这个问题所带来的后果，应该从人格缺陷的角度予以解释。

总之，我们可以通过个体对以上三个问题的回答，发现他在生活中的总体风格和特定目标。当然，人都有特定目标，有了特定目标才有生活指向，我们才能从他的一言一行中观察他的行为模式。如果一个人的目标是让自己变得更好，并变成对生活有价值的人，那么他一定会在解决所有问题时显现出积极、有建设性的一面。个体在解决问题的过程中，也必然能收获幸福感、价值感和力量感。如果一个人的目标指向生活中私人的一面和无用的一面，那么他将发现他连基本问题都解决不了，更不会获得解决问题后随之而来的喜悦。

个体心理学认为，对社会有益的事情是正确的，因为社会生活中的三大基本问题是密切联系且会引发各种特定任务的，而这些任务通常需要社会环境或人际关系的支持才能成功完成。从童年开始，我们就学习观察、倾听、交流等技能，这些技能在与家人、朋友、老师等的互动中不断提升。这些任务将贯穿个体的一生，离开社会和他人的关系，个体注定会失败。

每次偏离社会标准都是对正确的背离，会导致与客观法则和客观现实的冲突。这种偏离会让人感到自身缺乏意义和价值，从而引发强烈的报复心理，最终违背潜意识中坚守的社会理想。

　　个体心理学认为，可以用社会意识来监测和评估孩子的生活方式。因为一旦孩子面临生活问题，就像他正面临一场考试一样，从他的表现就能轻易看出他是否已经做好充分的准备。换言之，这场考试将展示出他是否具有社会情感，是否有勇气、理解力以及建设性的目标。接着，我们要找出儿童迎难而上的方式、自卑的程度和社会意识的强度。所有这些形成了一个紧密相连的有机统一体，它们相互渗透、不可分割，而且这个统一体直到显露出弊端并得到重建前几乎是坚不可摧的。

第一章

人格具有统一性和整体性

儿童的心理世界奇妙无穷，而且每一点都令人着迷。为了了解儿童的某单独行为，我们必须将其整幅生活画卷展开来看。儿童的一言一行代表了其生活面貌和性格特征，因此在没有了解这个隐藏着的背景之前，根本无法理解其某个单独行为。我们将这种现象称为人格的统一性。

　　所谓统一性，就是把人的行为和表达协调成一种统一的模式，而且这种协调从很小的时候就开始了。生活要求儿童以一种统一的行为模式做出回应，在这种统一性下，儿童逐渐形成独属于自己的性格特征，这种性格特征使得他的行为个性化，同时让他与其他儿童区别开来。

　　大多数心理学派容易忽视人格的统一性，或没有对该统一性给予足够的重视，这就导致他们很容易在心理学理论和精神病学方法研究中，将某个特定手势或特定表情单独提出，当成一个独立的整体来考虑。有时，他们还会将这种状况定义为"情结"，即他们认为特定的手势或表情是完全可以从其他活动中抽离出来单独研究的。这种做法就像从整个旋律中拎出一个音符，试图解析这个音符的含义，而丝毫不打算考虑整篇乐谱。这显然是不对的，但我们必须承认，这是一种普遍现象。

个体心理学就是要对抗这种普遍性错误，尤其要避免将其应用于儿童教育方面。要知道，当将它用作儿童惩罚理论时，危害是巨大的。儿童做了错事难道不应当受到惩罚吗？难道惩罚会带来严重后果吗？是的，从某种意义上说，老师或家长会本着对孩子人格的整体印象方面做出惩罚，而这往往才是最不利的，因为如果孩子总重复犯一种错误，那么老师和家长就会对这个孩子产生偏见，认为他无可救药。而如果这个孩子在其他方面表现良好，那么基于整体印象，可能就会宽容地处理这个问题。但问题在于，不管哪种情况，都没有真正触及问题的根源，即没有在全面理解儿童人格统一性的基础上，去深究问题的根源。再次拿音符作比喻，这个问题就像人们从乐谱中随意剥离出几个音符来加以理解一样。

当质问一个孩子为什么偷懒时，我们不能指望孩子会挖掘这个问题的根源；同理，当你质问一个孩子为什么撒谎时，结果也是一样的。几千年前，苏格拉底就发出过这样的感慨："认识自己真难啊！"那我们为什么还要指望一个孩子回答这么复杂的问题呢？就连专业的心理学家都很难给出答案。要理解一个人的行为，就得从整体人格中去理解。重点不是看孩子做了什么、怎么做的，而是要了解他面对任务时的态度。

举个例子。有一个 13 岁的男孩，在 5 岁之前是家里唯一的孩子，被家人宠爱和照顾得无微不至。母亲溺爱他，父亲的脾气温和沉稳，十分享受儿子对他的依赖。但父亲是一名军官，经常不在家，男孩更依赖母亲。母亲几乎满足他的每一个心愿，不过也因此让他变得蛮不讲理，如经常对母亲呼来喝去、讽刺嘲笑等，总之就是以非常粗鲁的方式彰显他的存在。

母亲虽然为男孩的粗鲁行为感到困惑，但由于男孩并没有在其他方面表现出恶劣的行为，所以决定妥协，按照男孩的要求继续帮他整理衣服、帮他完成作业。于是，男孩认为母亲能帮他摆脱一切困境。他很聪明，也像其他孩子一样接受了良好的教育，这毋庸置疑，因为在 8 岁以前，他的表现都还不错。然而，自从有了妹妹，一切发生了改变，男孩与父母之间的关系糟糕到令人难以忍受。他开始自暴自弃，不再注意卫生，每当母亲没有满足他的要求时，甚至会扯母亲的头发。无论谁说什么，他都拒绝改变，并随着妹妹越来越大，他变得更加肆无忌惮。而且，妹妹也被他列为捉弄的对象。他虽然不会对妹妹造成实际的身体伤害，但明显十分嫉妒妹妹。总之，男孩的种种恶行从妹妹出生并成为家庭关注的焦点开始，便一发不可收拾了。

面对这种情形，我们需要特别强调一点，当儿童的行为变坏或者出现某些糟糕迹象时，我们不必纠结究竟是哪个时间点出现了这种情况，而是要着重考虑其背后的原因。这里，我十分谨慎地使用了"原因"这个词，是因为我们无法确定就是妹妹的出生导致哥哥变成一个问题儿童。不过，这种案例倒是常有，所以又不能单纯地把它看成是孩子的心态出现了问题。我们无法断言一个孩子的出生会导致另一个孩子变坏，因为这两者之间不存在严格意义上的物理关系。但是，当一块石头砸向地面时，它一定有掉落的方向和速度，个体心理学并不承认心理上的"堕落"存在严格意义上的因果关系，而倾向于认为所有大大小小的错误在产生后会影响到个体未来的发展。

　　人类经常会在心理发展过程中因出现某种错误而产生某种后果，这一点不足为奇。问题是这些错误和后果经常体现在行为上的失败和错误的人生取向上，这是为什么呢？因为错误和失败的根源往往在于心理目标的设定上，目标设定是基于某种判断的，而判断往往会出现失误。心理目标的设定往往在儿童时期便开始了，通常来说，人们在两三岁时就会为自己设定一个永久目标，有了目标，便有了奋斗的方向。但如果早期做出了某些错误的判断，就会设定错误的目标。但错误的目标依然会对儿童起到导向作用，儿童会不断调整自己的行为模式，安排自己的生活，朝着目标努力奋斗。

　　因此，我们不妨牢记一个事实：儿童自身的发展是由他对事物的独特理解决定的，他的行为也会限制在已经形成的错误的认知中。众所周知，客观情境对儿童产生的影响并不取决于客观事实（如弟弟妹妹出生），而取决于儿童如何看待客观事实。这明显反驳了因果关系论——客观事实与其绝对意义之间存在必然联系，但错误的客观事实和对客观事实

的错误认知之间并不存在必然联系。

　　人类的心理之所以有趣，还在于决定人们前进方向的往往是人们所持有的观点而不是客观事实本身。认识到这一点很重要，因为人们所有的活动都是建立在这一基础上的，人们的个性也是在这一基础上逐渐形成的。有一个例子能很好地说明这一点：恺撒刚刚跳上埃及的海岸时，被绊了一脚，摔倒在地，罗马士兵立刻认为这是不祥之兆，要不是恺撒立刻张开双臂大呼"非洲是我的了"，罗马士兵很可能会马上掉头逃跑。这个事例告诉我们，客观事实对人类行为的影响十分渺小，既定的完整人格才是起主要作用的因素。同理，大众心理学与理性常识也适用于此。如果大众心理让位于理性常识，并不是由社会环境决定的，而是因为它们各自代表了各自的观点。通常，错误的观点在得到反复验证后，理性常识才会出现。

　　回到男孩的故事，男孩突然发现自己的环境发生了变化，他不再招人喜欢，在学校也不再积极进取，但他依然不准备改变自己的行为方式，打扰别人、捉弄别人已经成为他的个性表达。那么，结果呢？每当他捉弄别人时，就会立即受到惩罚。他的成绩越来越糟，家长一再收到学校的警告，事情继续恶化下去，直到学校以男孩无法适应校园生活为由建议父母为他转学。

　　事情发展到这一步，或许最开心的就是男孩了，因为在他看来，没有比这更好的结局了。男孩的态度再次体现了行为模式的逻辑一致性，虽然他的态度是错误的，但一经采用，就会始终如一地表现出来。他给自己设定了一个目标，那就是成为众人关注的焦点，从这儿开始，他就已经错了。哪怕他行为上出现了错误，应受到惩罚也是错误认知，正是这种错误认知，他才一个劲地"奴役"自己的母亲。在这种错误认知下，他就像一个独裁的国王，享受了 8 年的绝对权力，直到妹妹出生。8 年时间里，他以为自己是母亲的唯一，而母亲存在的理由也是因为他。可是，妹妹的到来将他从"国王"的宝座上拽了下来，于是他拼命想要夺回"王位"。然后他又犯了一个错误，但这种错误并不涉及道德方面的内容。当一个孩子进入毫无准备的情境中，且没有得到任何正确引导，只能由他独自挣扎时，很容易产生道德上的偏差。举个例子，一个孩子已经习惯了赢得所有人的关注，但突然情况发生了逆转。当进入学校，他发现老师对所有孩子一视同仁，并不是像他预期的那样将全部精力放到他身上时，这个孩子就会百般想要引起老师的关注，但结果只会惹怒老师。这种情况经常发生在被溺爱的孩子身上，而且十分危险，但这起初跟孩子的道德品行并无关系。

以那个男孩为例，我们可以理解为是他个人拟定的生活方式与学校的生活方式发生了冲突。如果用图示来表现，会体现出他的人格目标与学校的生活目标之间难以协调。他生活中发生的一切都由他的目标决定，或者说他所有的行为都在朝着那个目标运动，而学校为了让每一个孩子都能得到健康发展而制定了一个生活方式。因此，两者必然发生冲突，但学校未能预测到这种情况下儿童会有怎样的心理变化，所以既不会对儿童的失误进行让步，也不会试图消除冲突。

　　已知的是，孩子所有的行为目标只有一个，那就是让他的母亲只为他一个人服务。他所有的心理预期都聚焦在这一个想法上：我必须独享母亲，她只为我一人所有。但学校对他另有期待，期望他能把精力放在学习上，能按时完成作业，会自己整理课本，收拾好自己的物品。有人将这种期望比喻为给一匹桀骜不驯的赛马套上马车。

　　在这种情形下，男孩自然不会受人摆布，但在其他人看来男孩的表现相当差。不过，在了解了事情的原委后，很难不对男孩抱有同情之心。学校的惩罚对男孩显然是没有用的，只会让他相信学校不适合他。当他被学校开除，或者学校建议父母将他带走时，男孩自认为离他的目标更近了一步。他误以为自己成功了，因为至少他赢得了母亲所有的关注，母亲此刻一心扑在他身上，而这正是他想要的。

　　但当了解了事情的真相后，就会明白一味惩罚孩子的错误是毫无用处的。例如，如果他忘记带课本，他的母亲就不得不为他跑一趟。忘带课本这个行为其实并不孤立，而是他整体人格的一部分。当我们明白一个人的所有表现都是整体人格的一部分时，我们就知道这个男孩只是在按照自己设定的生活方式行事，而且，他一贯如此，这也就证明了，学校认为他无法适应校园生活是因为他智力低下的判断大错特错了，智力低下的人是没有办法按照自己的生活方式去行事的。

　　这个案例也变相地说明了一点，即我们每个人的处境多多少少和这个男孩类似。我们自己制订的计划、对生活的见解，很少与传统社会完全相协调过。过去，人们认为传统的社会观念是神圣不可侵犯的；现在，人们已经意识到，社会制度是人类自己设定的，没有什么是不可动摇的。相反，社会制度总因人类的不断抗争而发生变化。社会制度是为个体服务的，但个体并不会为了社会制度的利益而存在。当然，社会意识的存在的确有助于拯救个体，但这并不意味着要强迫所有个体接受一种普洛克路斯忒斯①的社会模式。

这些有关个体与社会关系的考量便是个体心理学研究的基础理论，尤其适用于学校教育系统，以及学校在对不适应校园生活的儿童的处理方面。学校必须将每个学生视作拥有独立人格的个体，然后学着用心理学的观点观察和评判学生的行为特征。

综上所述，我们不能再把儿童的某些特定行为视作孤立的音符来看待了，而是要将其放在整篇乐章中，即放在人格的统一性中来深刻剖析。

---

① 希腊神话中的强盗，他在路边开设黑店，拦劫行人。店内设有一张床（一说两床），旅客投宿时，将身高者截短，身矮者强行拉长，以与床的长短相等。——译者注

第二章

追求优越感与它对教育的启示

实现人格统一之后，人类本性中最重要的心理特征就是实现自我成功和超越。不过，这种追求直接关乎人格中的自卑感，因为没有自卑感的话，就不会有这种强烈的想要超越当前自我的渴望。优越感和自卑感其实是同一心理现象的两个方面，但为了阐述方便，本章将其分开讨论。本章主要讨论追求优越感及其教育意义。

　　说到优越感，人们最先好奇的是，它是否与自卑感一样是与生俱来的一种生物本能？答案是否定的，这只不过是一种缺少事实根据的假设。人类对优越感的追求无法确定是天生的，但同时必须承认，追求优越感必定存在一个基础，即它有一个不断膨胀发展的内核。也许可以这样表达：人类本性与追求优越感之间存在密不可分的关系。

　　我们当然知道，人类活动是受到一定限制的，有些能力我们可能永远无法开发出来。例如，我们可能永远没办法获得狗的嗅觉能力，我们的眼睛可能永远没办法分辨紫外线光谱。但是有一些功能是可以得到进一步发展的，在这种进一步发展的可能性中，我们追踪到了追求优越感的生物学根源和人格心理学根源。

无论是在儿童中还是在成年人中，在任何情况下都要肯定自我的冲动普遍存在，而且没有办法根除。人类的本性如此，不允许永久的逆来顺受，为了实现这一目的，人类可以推翻自己的信仰。被贬低和被蔑视的感觉、不确定的自卑情绪，总会激起一种渴望达到更高境界以获得心理补偿的愿望。儿童越感到自卑、软弱和不确定，越会产生强烈的自我超越的动力。儿童的进步愿望越强烈，设定的目标就越高，就越要寻找到证明自己力量的证据，哪怕这些证据是超越人类极限的。儿童由于能从各方面得到有力支持，常误以为自己在将来也能无所不能。最终，这种幻想导致儿童经常沉迷于神一般的存在，且心灵越是脆弱的儿童越容易陷入其中。

一个14岁的孩子就曾陷入类似的麻烦中。当让他回忆童年时，他总是第一时间想起他6岁时意识到他无法吹口哨是多么痛苦的一件事。然而有一天，他走出家门的那一刻竟然成功地吹响了口哨，他非常惊讶，相信那一定是来自上天的力量。这件事就有力地说明了儿童内心越脆弱，越容易拉近与所谓神明的关系这一事实。

追求优越感往往代表着鲜明的性格特征。通过观察具有这种性格特征的儿童，我们不难窥见其野心。当这种自我肯定的渴望异常强烈时，就会衍生出嫉妒之心。所以，这类儿童经常盼着竞争对手遭遇不幸，甚至不惜去制造麻烦，走上犯罪的道路。他们会诽谤他人，泄露他人的家庭秘密，贬低他人以提升自身价值。他们认为没有人应该超越他们，所以自己努力崛起和让他人沦陷并没有什么区别。当他们十分渴望得到权力时，就会充满敌意、恶意和报复心，同时展现出好斗和易怒的倾向。执着于追求优越感的孩子，特别不喜欢考试，因为考试常常令他们痛苦不堪，这也暴露出他们的无力感或无价值感。

这一事实表明，学校需要根据儿童的特点来调整考试。考试对每个儿童来说，意义并不相同。有的儿童把考试当成一种煎熬，考试令他们脸色苍白、说话结巴、浑身颤抖，头脑陷入一片空白。有的儿童只愿意和他人一起回答问题，因为他自己一个人根本无法作答。儿童对优越感的渴望也会在玩游戏中体现出来，如他们不愿意在"马车游戏"中扮演马匹的角色，而只想扮演车夫的角色，因为车夫处于领导位置。如果有人不让他们扮演车夫的角色，他们便会在游戏中捣乱，以此获得补偿。此外，如果他们在游戏中屡屡遭受挫折，那么他们的野心就会受到打击，而不敢尝试任何新的游戏。虽然没有受过挫折的、有野心的儿童会愿意尝试新的游戏，但一旦遭受挫折，也会陷入惊慌失措。

根据儿童喜欢的游戏、喜欢听的故事、钟爱的历史人物，我们可以判断出儿童自我认可的方向和程度。就像很多成年人崇拜拿破仑，而拿破仑的确很适合成为具有雄心壮志的人的榜样。沉溺于白日梦的人往往有一种强烈的自卑感，这种自卑感导致他们常常在现实之外去寻求满足，如通过做梦。

儿童在追求优越感时会选择不同的方向，我们可以从中观察到一些变化，并划分为不同种类。但是，这种变化由儿童自我认可的程度决定，所以没办法划分得十分精确。通常来讲，儿童会把这种优越感引向有用的途径，如他们会努力遵守秩序，成为优秀的学生。不过，按照以往的经验来看，这样的儿童并不多。

还有一些儿童把超越别人当成人生目标，并对此抱有很深的执念。通常，人们会忽视这种超强的胜负欲，认为斗志昂扬本就是传统美德。然而，这是大错特错的，如果胜负欲太过强烈，就会让儿童长期处于紧张的状态，最终会给儿童造成极大的心理压力。儿童会因为一直保持学习的状态，而忽略了其他活动。渐渐地，这类儿童就学会只盯着成绩看，而对其他东西视而不见。长此以往，儿童的身心得不到健康发展，而这并不是我们的初衷。

把超越他人当成奋斗目标，并以此安排自己的生活，是不利于儿童健康成长的。这时，家长应多鼓励他们出去走走，多呼吸新鲜空气，多和朋友玩耍，而不是只读书。当然，这类儿童同样是少数，但并不难见到。

除此之外，还有一种常见的情况，就是同一个班级中经常有两个学生明里暗里地较劲。有机会仔细观察的话，不难发现这样的学生并不讨喜，因为他们善妒，而善妒的人不容易发展出独立、和谐的性格特征。每当有其他学生通过努力取得成功时，他们就会恼火，甚至会神经性头痛、胃痛等。当其他学生受表扬时，他们宁可退到一旁也不会赞扬两句。

因此，过度的野心只会徒增嫉妒之心，并不会产生有益的影响。

这类儿童很难与其他儿童友好相处，因为他们事事争先，不肯服从游戏规则。这导致他们不喜欢团体作业，对同学趾高气扬。与同学的每次接触，都让他们感到不快，而自己的地位越不稳固，这种不快就越会加剧。他们对成功毫无信心，一旦察觉到自己处于不利位置，便会方寸大乱。无论是别人对他们的期望，还是他们自己对自己的期望，都将化成无形的压力，沉重地压在他们的身上。他们时时刻刻感受到来自家人对他们的期望，因此会十分紧张地完成每一项任务，他们总是想超越所有人，成为所有人关注的焦点。只要条件合适，这种来自别人和自己的重压，就会促使他们一直负重前行。

假如人类能掌握绝对真理，并找到克服以上问题的方法，那么这世上便不会有问题儿童了。但目前的情况是，我们找不到很好的办法，也无法赋予所有儿童一个理想的成长环境，因此对儿童期望过高反而成了一件危险的事。这与不受野心所累的儿童所面临的困难是完全不同的，它是无法避免的。我们需要做出进一步调整，否则我们就没有办法阻止这种情况的发生。儿童的自信心也会受野心所累，导致他们在面临困难时缺乏应有的勇气。

过于野心勃勃的孩子只在意最终结果，也就是只在意自己是否得到了他人的认可。如果得不到他人的认可，即使他已经取得了成功，也不会心满意足。总之，在困难面前，保持一颗平常心比马上去克服困难更重要，可惜的是，胜负欲过重的孩子永远认识不到这一点，他们总是活在别人的赞美中。这类儿童并不在少数。

保持一颗平常心多么重要啊！这一点尤其体现在那些有先天生理缺陷的儿童身上。不过，有先天生理缺陷的儿童十分普遍，如左右侧发育不平衡也是一种生理缺陷。我们的社会鼓励右撇子，这给很多左撇子儿童造成困难。那如何分辨儿童究竟是左撇子还是右撇子呢？研究发现，不擅长读书、写字和画画的儿童基本上是左撇子。另外，还有一个简单的办法可以分辨，那就是让儿童双手交叉，如果左手大拇指在上就是左撇子。然后，你会惊奇地发现，原来很多人天生是左撇子，只是他们不自知。

我们对大量左撇子儿童做了一个既往历史调查，发现了以下事实：左撇子儿童通常面临更多挑战。这种情况不难理解，只需要想一想，当我们习惯了靠右行驶的交通法则后，突然去了一个靠左行驶的地方该多么别扭。如果全家人都是右撇子，只有儿童一个人是左撇子，可以想见他在家庭中的处境该多么糟糕。当他在学校学写字时，发现自己的写字速度总是处于平均水平以下。由于其他人并不知道其中缘由，于是对他大加责骂。他无法解释自己的处境，只能认为自己在某种程度上不如其他人。这时，他的内心会受到挫折，认为自己就是比其他人差，无法与其他人竞争。如果再得不到家人的理解，或者家人也因此责骂他，那么他的自卑心理就会越来越重。

当然，这种挫折未必就意味着失败，但在种种打击下，孩子很可能会丧失斗志，不再努力。因为没有人向他加以解释，也没有人教他如何克服这种困难，所以他很难坚持下去。实际上，一些顶级的艺术家、画家、书法家、雕刻家就是天生的左撇子。只不过他们通过强化训练发展了右手的能力。

有一种迷信：如果一个天生的左撇子被强制训练使用右手，就可能导致口吃问题。原因是，当儿童面对巨大挑战时，可能会失去说话的勇气。而那些克服了左撇子习惯的人，通常更容易在艺术领域取得成功。

如果把左撇子当成一个象征性的标志，可能有点儿言过其实，但它的确能给我们带来一些启示：在我们给足孩子自信心和勇气之前，无法轻易对他的能力下结论。有时候威逼利诱也能起到一定的激励作用，但如果将其换成鼓励和赞美的话，那么孩子在未来取得的成就可能会更大。

人们总是习惯以有没有成功来评判孩子，而不是根据他们面对困难时有没有迎难而上的勇气和能力，这种评判标准对野心勃勃的孩子是十分不利的。只培养孩子的功利心是不对的，而应该培养他们坚定的勇气、坚强的毅力和非凡的自信。这样孩子在面对失败时，就会把它当成一个新的起点，而不是失败的终点。如果老师能够判断出孩子的天赋以及潜能，以及孩子是否找对了努力的方向，那么孩子一定能得到更好的发展。

由此可以看到，孩子追求优越感在很大程度上体现了争强好胜的性格。有的孩子起初野心勃勃，但当发现自己被其他孩子遥遥领先后，便放弃了努力。一些老师往往会用打差评的方法来激起他们的斗志，如果孩子还有一丝勇气，可能会奏效，但我们并不建议使用这种方法。对那些本已经处境艰难的孩子来说，这种方法只会让他们方寸大乱，失去理智。

反过来，当一些孩子受到关心、理解时，往往会表现出非凡的才能。是的，这种方法确实能激起他们的胜负欲，因为他们害怕回到过去的状态。过往的失败就像警钟一样，时刻提醒着他们不断前行。长大后，这类孩子也会精神抖擞、夜以继日地忙个不停，哪怕身体不堪重负也不肯停下来，他们总怕自己做得不够好。

如果你还记得个体心理学的主导思想，那么上述情况就不言而喻了。每个人（无论是孩子还是成年人）的个性都是一个统一的整体，并且总是根据自己建立起来的行为模式来表达自己。因此，我们不能把一个人的行为与他的性格分开来评判，更何况一个特定行为的背后可以隐藏着多种解释。当我们对某种特定行为（如迟到）加以理解时，那么对这种判断的不确定性就消失不见了——它只是孩子对学校设置的任务做出的必然回应。简单来说，孩子的这一特定行为仅仅意味着他不想去上学，因此他觉得没有遵守学校规则的必要了。而且，他可能还会想方设法地去违反学校的其他规则。

你看，这就勾勒出一个"坏"学生的全貌了。当孩子将追求优越感体现在抗拒学校而非接受学校时，事情就不对了。接着，孩子会出现一连串的糟糕行为，如此他可能会变成一个调皮捣蛋、哗众取宠的小丑，只会挑逗同学、旷课逃学，甚至与不良青年厮混在一起。

由此可见，学校的教育和培训在很大程度上决定了个体的未来生活。学校位于家庭和社会之间，它有机会纠正学生在不良的家庭教育中形成的错误生活方式，也有责任帮助学生适应社会生活，并确保学生能和谐地扮演各种社会角色。

从历史的角度来看，学校一直试图按照当时的社会理想来培养个体，并始终根据当时的社会需求培养个体。如今，社会理想依然在不断变化，学校也必须做出相应的调整。因此，如果今天的社会要求成年人必须人格独立、情绪自控、有勇有谋，那么学校就需要调整自身，以培养出接近这一理想的人才。

个体之所以接受学校教育，是为了得到社会的接受。所以，即便有的孩子违反学校规定，学校也不能放弃对他的教育。这些孩子并不一定放弃了对优越感的追求，他可能只是把注意力放在了其他事情上，或者认为自己在其他领域更容易取得成功。这说明，他们可能很早就在潜意识中对自己展开训练了，因此，即使他们不会成为杰出的数学家，但有可能成为优秀的体育人才。作为教育者，绝不能忽视这一点，而应该鼓励孩子在其他领域取得成就。为此，教育者必须努力发现孩子身上的闪光点，并将其放大，让孩子相信他完全可以在其他事情上取得成功。孩子只要没有智力障碍，就完全有能力应对自己的学业。不能应对的话，只是因为遇到了人为设置的障碍，这个障碍往往源自学校错误的评判标准，即以学生阶段性的考试成绩作为评判标准，而不是参照社会所需。但对于学生来说，这个障碍无疑会摧毁他们的自信心，导致他们将对优越感的追求放到了于社会无益的活动中，因为他们很难从对社会有益的活动中获得优越感。

这时，孩子会做何反应？他们一定会想办法逃离。然后，我们就会从他们身上看到一些异常表现，如与老师对着干、言行无状、行为无礼。这种行为能成功引起老师的注意，甚至获得其他孩子的崇拜。借助这种小骚乱，孩子就把自己当成了小英雄。

虽然孩子的行为偏差和心理问题往往是在学校暴发出来的，但它们的起源并不在学校。学校除了负责纠正儿童行为和心理上的偏差，还能折射出儿童早期家庭教育中出现的问题。

一个训练有素、称职的老师，在孩子入学第一天就能观察到很多东西。有些孩子在面对新环境时，会暴露出很多问题，如难以适应、痛苦不堪等，这显示出他在家庭环境中被溺爱的一面。这样的孩子不知道如何与他人建立联系，而与他人建立联系这一点至关重要。孩子在入学前，最好已经做好了与他人建立联系的心理准备，他不能因依赖一个人而排斥其他人。当然，学校有义务纠正孩子在家庭教育中养成的错误习惯，但最好在入学前就帮他们改正这种错误。

在家被溺爱的孩子怎么可能突然将所有的精力集中在学业上呢？所以，被溺爱的孩子往往不会很专心，他们会明显地抗拒上学，甚至无法适应学校生活。为此，父母不得不每天哄骗他们起床、不得不督促他们做这个做那个，但直到坐在早餐桌前，他们依然表现得拖拖拉拉。这相当于在他们面前构建起了一个难以逾越的障碍，阻挡了他们前进的步伐。

这种情况的根治方法与纠正左撇子儿童是一样的，就是给予他们充分的时间去学习和适应，不能因为迟到而惩罚他们，惩罚只会加重他们的厌学情绪。父母如果采取打骂的手段强迫孩子去上学，结果只会适得其反，孩子会找到更糟糕的办法让他们的处境变得更难。这种方法并不是真正能解决问题的方法，只不过是一种逃避问题的手段。孩子厌恶学校、无法适应学校的无措感将体现在他们的每一个行为中，如他们永远整理不好书籍，总是忘带或弄丢它们。当一个孩子养成了丢三落四的习惯时，我们可以很肯定地说，他没有适应学校生活。

研究这样的孩子，我们不难发现，他们很难在学校中取得成功。但错不在他们，是身边的环境把他们推向了错误的深渊。家人在失望时会口出恶言，辱骂他们蠢笨、无能，孩子到学校后，发现父母的话被一一证实了，而他们自身又缺乏纠正这种错误的能力（有些家长也缺乏这种能力），结果就造成还没努力就先自暴自弃了。他们认为失败是横跨在他们面前的一个无法跨越的障碍，并时时证明着他们的无能和自卑。

错误一旦形成，就很难被纠正了。尽管这些孩子已经很努力了，但仍落后于人。于是，他们便放弃学业，转而开始编造各种借口逃避上学。一旦出现逃学的情况，就代表着危险的情况来临了。在学校里，逃学是很严重的违纪行为，要受到严厉的惩罚。于是，孩子开始撒谎以逃避惩罚，甚至有孩子会伪造家长字迹请假，以此欺骗家长他一直在上学，而事实上已经逃课很久了。为了制造上学的假象，他们还会找一个隐蔽的地方。通常，他们会在这种藏身之处碰到与他们有相似经历的孩子。这帮孩子聚集在一起，开始继续追求他们所谓的优越感，而后越来越偏离正轨。他们开始触碰法律底线，然后拉帮结派，作奸犯科，好像只有犯罪才能让他们认识到自己已经长大成人。

一旦迈出犯罪的第一步，他们就会在犯罪的道路上越走越远，只要没人发现，他们的犯罪行为就会越来越大胆。他们在犯罪的道路上孤注一掷，相信其他的道路再也走不通了，这就是为什么他们再也回不了头了。在同伙的鼓动下，他们争强好胜的心理被重新激发出来，只不过不是在有意义的事情上，而是在违法犯罪上。所以，我们不难发现，有犯罪倾向的孩子会很自负，这种自负跟胜负欲几乎同根同源，它逼迫着孩子以各种方式让自己变得与众不同。当他们无法在积极健康的生活中出人头地时，就会转向在消极罪恶的生活中寻求出路。

曾有一个男孩杀害家庭教师的案例。仔细审视这个案例，我们会发现这个男孩身上具备以上所有的人格特征。被杀的女家庭教师认为她完全掌握了男孩的心理活动，因此她极为严格和谨慎地监督着男孩的一切，这让男孩喘不过气

阿德勒正面管教心理学

来，也因此丧失了信心。男孩也曾志向远大，但后来，他极度沮丧和压抑，他不想有所作为。无论是家庭生活还是学校生活，都与他的预期相反，因此他掉转方向，朝着违法犯罪的道路越走越远。因为他发现，违法犯罪能让他摆脱家庭教师和心理专家的管制，而学校对未成年人犯罪问题的处理措施是比较轻的。

教育工作者似乎对这样一个奇怪事实司空见惯了：老师、牧师、医生和律师家庭中更易培养出不听话的孩子。这说明，对孩子的管教与家长的职业高低、声望大小并无直接关系。尽管有的家长在某些专业领域十分权威，但他们无法在自己的家庭中维护秩序。对此，我的解释是，在这样的家庭中，某些重要的教育理念要么被完全忽视了，要么被误解了。一些教育者经常把职业病带回家，将在学校的权威强加给家庭生活。这种过于严苛的压迫，往往会威胁或剥夺孩子的独立性，从而激起孩子的负面情绪，如反抗意识和报复心理。家长要牢记，过于刻意的教育往往意味着对孩子过多的关注。虽然从整体来说，这对孩子并不算坏事，但会导致孩子渴望时刻处于关注的焦点。这样一来，孩子就会认为自己只是一种实验性的存在，而最终负责人和做决定的是别人。这也就意味着，遇到任何问题和困难时，孩子可以不负任何责任，因为总有人为他们消除后患。

038

第三章

正确引导儿童追求优越感

既然已知每个孩子都有追求优越感的倾向，那么家长和教育者的任务应调整为正确引导孩子追求优越感，最起码让它朝着促进心理健康和幸福的方向发展，而不是让它朝着神经症和情绪混乱的方向堕落。

　　要区分有用的优越感和无用的优越感并不容易。怎么做到这一点儿呢？我认为最好的方法是考虑这种优越感是否符合社会利益。所有的成就和有价值的事情，最终都应造福社会。如果我们回想那些崇高的伟大事迹，会发现它们不仅仅对做出贡献的人有益，而且对整个社会有益。因此，我们应该教育孩子发展这种社会情感，增强他们对社会的认同感。那些无法理解这一点的孩子最终可能会成为问题儿童，而他们追求的优越感也将毫无意义。

　　当然，至于什么是对社会有用的，什么是对社会无用的，还存在着分歧。不过，我们能确定的是，可以通过结果来判断一件事的好坏。也就是说，我们可以通过特定行为的结果来判断它是否对社会有益。那么，为了公平起见，我们需要把时间和效果等因素考虑在内，然后判断某一行为是否符合现实逻辑，而后判断它是否符合社会需求。事物的普遍结构可以作为判断行为价值的标准，行为结果究竟与价值标准相一致还是相矛盾，随着时间的推移就会慢慢呈现出来。所幸，在日常生活中，我们很少遇见复杂的价值判断，至于社会运动、政治变革等，只有经过漫长的历史沉淀才能得出结论，因此这里依然存在争议。然而，无论是在集体生活中还是在个人生活中，最终都会表明某些行为的效用和价值性。从科学的角度，我们也不能盲目地下某种论断，说某事对所有人绝对有益，哪怕它是有关生命的绝对真理，因为有关生命的问题也受到地球、宇宙和人际关系逻辑的制约。这种制约就像摆在我们面前的一道数学题，我们可能无法解答，但答案就隐藏在其中，我们只能根据题中已有的数据来判断解决方案是否正确。遗憾的是，判断解决方案的时机并不是随时的，以至于一些错误根本来不及纠正。

如果一个人从来不从逻辑和客观的角度审视他的生活结构，那么即使他的行为模式很难实现连贯和一致，他也觉察不到。因此，一旦生活出现了问题，他只会惊慌失措，而不会直面问题，因为他认为问题来源于他选错了道路。同样，对于孩子来说，一旦误入歧途，他们也不会从错误中吸取教训，因为他们根本不知道真正的问题在哪儿。对于这个问题，我们可以教导孩子学会将生命中的各种事件连贯起来进行反思，而不是将其孤立起来。任何事件都是在整个生活背景下发生的，要想解释一件事，就需要联系之前发生的一切相关事件。孩子只有明白了这个道理，才会明白自己为什么会误入歧途。

正确地追求优越感和错误地追求优越感，一定存在很大的差异，在讨论这种差异之前，我们先来探讨一下与一般理论相矛盾的行为类型——懒惰。

懒惰似乎与我们所秉持的"所有儿童天生都有追求优越感的心理"的理论相悖，我们责备孩子懒惰，多半是在责备他不具备追求优越感的野心和抱负。但是，如果仔细审视这类孩子，会发现这种观点是错误的。懒惰的孩子同样具有优势，至少他不会将别人的期待变成自己的负担。而且人们对懒惰的孩子也较为宽容，允许他不必做太多的事情。懒惰的孩子不争不抢，始终秉持一种懒散、懈怠的态度。他的懒惰，也使他能一直得到父母的关注。有多少孩子不惜一切代价跻身人前，就有多少孩子为了博得他人的关注而偷懒了。

当然，单从这一点看，并不能完全解释为什么孩子如此懒惰。一些孩子表现得懒惰，是为了缓解他的处境，如他可以把自己的无能和失败统统归咎于懒惰。这样一来，就很少有人指责他们无能，而是会说："他就是太懒了，否则干什么不能成功呢？"孩子于是找到了安慰自己的理由，认为只要稍微勤奋一点儿，便什么事情都能做到。当然，这种解释对自信心不足的孩子来说，确实是一种心理安慰。这种解释不但适用于儿童，同样也适用于成年人，因为它的确能平息一定的挫败感。当这样的孩子真要去做些什么时，但凡取得些成绩就显得格外耀眼。因为这一点点的成功与他们长久以来的失败形成了鲜明对比，他们因此获得了赞扬；反观那些一直积极进取的孩子，明明取得了更大的成就，却很少获得他人的认可。

现在，我们不难从懒惰中发现一种不为人知的"小手段"。懒惰的孩子为自己拉起一条安全网，哪怕他在上面走钢丝也不怕，即便掉下去，摔得也轻。因为人们对懒惰的孩子往往存在更大的宽容心，而对其他孩子则较为严苛。对于孩子来说，被人贴上"懒惰"的标签，要比贴上"无能"的标签好得多。总之，懒惰掩盖了孩子的自卑，但也阻碍了孩子去直面问题。

我们当前的教育方法，恰好迎合了懒惰孩子的愿望，你越是骂他懒惰，越是合他的意，即他得到了更多的关注，而且将能力不足的问题转移到了其他方面。对他施加惩罚也是如此，所以期望通过惩罚来惩治懒惰孩子的老师到最后会发现，最严厉的惩罚也无法让一个懒惰的孩子变勤奋。

即使事情发生转变了，那也是因为环境发生了变化。例如，当一位和颜悦色、能理解孩子、能与孩子认真交谈并给予孩子勇气的老师取代了之前那位严厉的老师时，孩子可能会取得意想不到的成绩。这种转变往往是突然发生的，如有的孩子在其他学校成绩较差，但转学后，表现得异常勤奋，成绩得到明显提升。

有些孩子会用不同的方法逃避学习任务，如假装生病；也有些孩子考试时会特别紧张，以此希望得到特殊对待；还有些孩子经常哭闹，这是他们为了得到优待而采取的方式。

在班级里，一些有明显语言障碍的孩子会受到特别关照，如口吃的孩子。和孩子相处时间长的人会发现，很多孩子开始说话时会有轻微的口吃问题。我们知道，影响孩子语言发展的因素很多，其中最重要的就是孩子社会情感的发展情况。那些有社交意识、想要和同伴建立联系的孩子，会比那些回避他人的孩子更快更早地学会说话。对那些被溺爱的孩子来说，说话成了多余的行为，因为他还没来得及表达自己的愿望就已经被猜到和实现了（当然这对有听障和视障的儿童来说是必要的）。

孩子到了四五岁还不会说话，父母便开始担心他是不是听力有问题，但他们很快就发现孩子的听力相当好，于是排除了听力障碍、视力障碍的假设。最终，父母发现孩子实际上处在一个说话十分多余的环境中。孩子过着"衣来伸手，饭来张口"的生活，他怎么会有说话的冲动呢？于是，这样的孩子必然要比别人晚学会说话。语言体现了孩子追求优越感的方向，他需要说话来表达他的追求，如满足他的日常所需，或给家人带来欢笑。如果孩子既不能通过语言满足自己的日常所需，也不能给家人带来欢笑，那么我们就可以认定孩子的语言发展出现了问题。

除了口吃，孩子还会陷入其他语言障碍，如发音困难，很难发出"r"和"s"等音。不过，这种语言障碍可以得到矫正，但问题是一些人长大后依然口齿不清。

大多数孩子的口吃问题会随着年龄的增长而消失，只有少数孩子需要接受专业的矫治。这里有个 13 岁男孩的案例，可以帮助我们了解矫治的过程。男孩 6 岁时开始接受医生的矫治，但一年下来毫无进展，于是便停止了治疗。第二年，男孩没有接受治疗。第三年，男孩换了一位医生，但依然没有成功。第四年，男孩没有接受治疗。第五年，男孩继续接受治疗，但在治疗的前两个月里，他的口吃问题反而更严重了。后来，家长将他送到一家专门矫正语言障碍的机构，两个月后，男孩不再口吃。可是，仅仅过去 6 个月，男孩的口吃问题复发了。接着，男孩又在一位语言矫治医生的帮助下矫治了 8 个月，结果口吃的情况更严重了。后来，男孩再次换了一位医生，但矫治又一次失败。在那年的暑期里，男孩的口吃情况突然有所改善，但随着假期结束再次复发了。

我们来看医生对男孩实施的矫治手段，包括大声朗读、降低语速、大量练习等。男孩的口吃情况有时会得到改善，但过不了多久会复发。后来，我们知道，这个男孩并没有器官缺陷，但他在幼年时曾从二楼摔下来过，导致脑震荡。

男孩的老师在与他接触一年后，对他的评价是"有礼貌、勤奋，爱脸红，易怒"。男孩总是学不好法语和地理，在考试时会十分紧张。老师还观察到他特别喜欢体操和其他运动项目，还对一些技术工作有兴趣。无论从哪方面看，都看不出男孩具有领导气质。他与同学相处得十分融洽，偶尔会和弟弟吵架。他习惯用左手，一年前右脸曾患过面瘫。

再看他的家庭环境，他的父亲是一位生意人，脾气暴躁。因为口吃的问题，他经常受到父亲的严厉责骂，但这个男孩更害怕母亲。家里有一位家庭教师，这让他很少能离开家，因此他向往自由。他还有一个弟弟，常常因为母亲偏爱弟弟而感到不公。

基于这些事实，我们不妨得出以下判断：男孩易脸红说明他害怕社交，有轻微的社交障碍，也可以说是口吃带来的一种表现。口吃已经深入他的大脑系统中了，即使是他喜欢的老师也无法矫正他口吃的毛病，因为他从根本上就拒绝矫正。

结合以上分析，我们得知，男孩口吃的根源并不在于外部环境，而在于他对外部环境的感知方式，其中敏感、易怒是主要因素。口吃并不意味着他是一个消极被动的孩子，反而佐证了他追求优越感的渴望。性格软弱的人往往就是如此。他只和年幼的弟弟争吵，表明了他对自己家庭地位的灰心；他在考试前异常紧张，表明他的压力很大，担心自己不会成功、不如他人。强烈的自卑感让他在追求优越感的错误道路上越走越远。

男孩认为比起学校环境，家庭环境更让他有挫败感。在家里，弟弟成了所有人关注的焦点，于是他很喜欢待在学校。男孩幼年时从楼上摔下来的受伤经历不可能是导致他口吃的原因，但他的确因为那件事受到了惊吓，而变得胆小怕事。年幼的弟弟恐怕才是造成他口吃的主要原因，他因为弟弟的存在而备受冷落，被家庭排挤到了边缘地位。

还有个小问题值得注意，那就是男孩到 8 岁才停止尿床。尿床问题通常发生在被宠爱后又被忽视的孩子身上。孩子尿床，表明即使在夜间，他也在努力寻求母亲的关注。尿床是一个信号，表明这个孩子感受到被忽视的痛苦。通过鼓励和教导他学会独立，口吃问题是可以改善的。我们可以尝试给他一些简单的任务，通过完成这些任务来增强他的自信心。男孩承认因弟弟而感到不开心，所以我们必须让他明白，嫉妒会让他误入歧途。

关于口吃的问题还有很多值得讨论的地方。比如，在情绪激动的情况下，口吃者会有何表现呢？有的口吃者在生气时，语言表达会变得十分流利；也有口吃者在背诵和恋爱时会一改常态，变成口齿伶俐的人。这些事实表明，口吃的根源在于口吃者与他人的关系。也就是说，当孩子在与人建立联系时或通过语言表达自己时，突然产生的对抗情绪往往会引发口吃。

如果孩子在学说话的过程中没有遇到任何问题，那么家长不会对其有过多的关注，但如果孩子遇到问题了呢？他一定会成为家庭关注的焦点，所有人会为这个孩子操心，他自己也会十分在意自己的语言问题。于是，他开始有意识地控制自己的表达。这种刻意控制本应自动运行的功能往往会造成功能受限，这一点我们可以通过梅林克的童话故事《癞蛤蟆的逃脱》来说明。癞蛤蟆遇到一只千足虫，便立刻对它拥有的力量进行了赞美："请问，您走路的时候最先迈出哪条腿呢？又是以怎样的顺序安排剩下的999条腿的呢？"千足虫从此开始留意腿的运动，并试图控制它们，结果发现它竟然一条腿也动弹不得了。

从大方向来说，对我们的生活进程加以控制十分有必要，但如果把这种控制延伸至每一个细节则是有害的。只有让我们的身体自如地运作，我们才能创造出伟大的艺术。

众所周知，口吃会对孩子的未来造成一定影响，而家庭对口吃孩子的额外同情和关注并不利于他的成长，但一些人还是一味地找借口推脱责任，而不是去改变现状。这种现象体现在很多家长和孩子身上，结果就是不管是家长还是孩子，对未来越来越没信心。孩子会越来越依赖人，并学会用劣势赢得优势地位。

巴尔扎克的一个故事就能证明了这一点。故事是这样的：两个商人在交易中都想占上风，于是在他们讨价还价时，其中一个商人突然口吃起来，另一个商人惊讶地发现，那人因为口吃赢得了充分的思考时间，于是他迅速寻找反击方法，那就是假装自己听不清。口吃者再次处于不利地位，不得不好好说话，让对方能听清。结果，双方谁也没能讨到便宜，于是偃旗息鼓。

尽管口吃的孩子有时会利用口吃争取更多的时间，但我们不能因此苛待他们，而应该温柔地鼓励他们，从而增加他们的勇气和信心，只有这样才能矫正他们的口吃。

第四章

儿童都有不同程度的自卑感

每个人都有追求优越感的倾向，而这与每个人与生俱来的自卑感密切相关。或者说，人之所以努力地追求优越感，是因为想要竭力克服自卑感，这很正常。然而，当自卑感严重阻碍了追求优越感的本能，或由于身体缺陷而让自卑超出了人类可以忍受的极限时，人的心理就会变得不正常，这便是自卑情结——一种不正常的自卑情感。一旦有了自卑情结，人们就会陷入追求简单的补偿机制和追求华而不实的满足上面，同时会夸大困难，减少勇气，阻碍通往成功的道路。

　　我们继续来看前面提到的13岁口吃男童的案例。正如前文所述，他因在家庭中的挫败感而出现口吃，口吃又继续让他感到挫败，这就是一个典型的神经性自卑情结的恶性循环。在这种恶性循环中，男孩对生活不再抱有希望，严重的话可能会出现自杀的念头。所以，口吃其实已经内化为男孩对生活的表达。因为口吃，他给人留下深刻的印象，成为所有人关注的焦点，而这能稍稍缓解一下他的心理失衡。

接着，他会为自己设定一些过高的、错误的目标，以期自己成为一个对世界有影响力的人。于是，他开始追求良好的声誉，并将此作为奋斗的目标，为此他不得不表现出善良、好相处的一面。除此之外，他还要为自己将来的失败找到一个合理的借口，这个借口就是口吃。可见，男孩在追求优越感的过程中大体是积极正面的，但不可否认，口吃在一定程度上挫伤了他的勇气和判断力，而这使得这个案例极具启发意义。

当孩子受到挫折，不相信凭借自己的努力能获得成功时，就会寻找一些"武器"进行防御，口吃就是他选择的最有力的"武器"，这就好比动物在与大自然抗争时以锋利的爪牙为武器一样。儿童之所以选择"武器"来应对生活中的绝望，是因为他们自身的软弱。令人惊讶的是，虽然这种"武器"有很多，但有的孩子选择大小便失禁这种方法。这说明，这类孩子不想离开婴儿期，因为在婴儿期，他们是无忧无虑、毫无责任的。请注意，他们并没有肠道或膀胱方面的疾病，这不过是他们想要引起父母关注的把戏，尽管这种把戏有可能会引来同伴的嘲笑。教育者不应将这种表现视为疾病，而应将其视为一种过度追求优越感的警示。

口吃可能是由一个不起眼的心理问题衍生出来的一种行为模式。我们可以从这个案例中推理出男孩口吃的发展过程。长时间以来，男孩是家里唯一的孩子，母亲一直悉心照顾他。但弟弟出生后，他发现父母对他的关注越来越少了，并因此感到压抑，直到发现一个好玩的把戏，才终于把父母的注意力转移到他身上。这个把戏就是口吃，他口吃得越厉害，父母越会在意他，于是借由口吃，他成功地从弟弟那里夺回属于自己的关注。

他在学校也会玩同样的把戏，并找到一个愿意长时间关注他的老师。这样一来，无论在家里还是在学校，他都重拾了优越感。他和好学生一样受欢迎，他的目的达到了，毫无疑问，他也成了"好学生"。无论如何，口吃让他轻松达到了目的。

虽然因为口吃的问题，老师对他多了几分宽容，但这绝不是一个值得推荐的方法。因为一旦他没有通过这个方法收获应有的关注，他所受到的伤害就会成倍增加。事实上，家里多了一个弟弟，已经让他痛彻心扉了。所以，男孩只能试着从别处得到足够的关注，但这让他变得更加自卑。他与其他孩子不同，没有发展出与他人分享兴趣的能力：在家中，他只把母亲看作最重要的人，而对其他人不感兴趣。

治疗这样的孩子，需要用鼓励的手段，让他们相信自己的能力和天赋。仅仅抱着友好的态度与他们建立关系是不够的，还要利用这层关系，鼓励他们自立，运用各种手段让他们重获自信，这样才能让他们逐步克服自卑情结。要让他们相信，通过勤奋、毅力、大胆实践，是完全可以达到目的的。

儿童教育中最容易犯的错误是，父母或教育者轻易给误入歧途的孩子贴上标签。这无疑会使情况变得更糟，让孩子变得更胆怯。父母和教育者应该做的是激发孩子的乐观情绪。

有时候，孩子因为害怕会被耻笑而改变自己的行为，但父母不能就此认为羞辱能真正矫正孩子的错误行为。从下面的案例中不难看出，羞辱刺激有多么不可取。一个男孩因为不会游泳而经常受到朋友的取笑，直到有一天，他再也无法忍受，便从跳水板上一跃而下跳入深水区，最后生死关头才被救上来。一个被逼到绝境的人往往会做出一些极端的事情来抵抗他的怯懦，所以他选择从高台上跳下，以此来证明他不是个懦夫。然而，这么一来，不但没有帮他克服怯懦心理，反而强化了他不敢面对事实的心理。

怯懦是一种破坏人际关系的性格特征。一个总过分担心自己言行的人，根本不会去考虑他人，还会为了达到目的不惜付出昂贵的代价。因此，懦弱的人经常持个人主义、好斗的人生态度，想借此消除社会感情，但又害怕别人对他品头论足。结果就是，他始终害怕被人嘲笑、被忽视或被贬低，为此又总无法摆脱他人对自己的评论。他就像生活在敌国的人，最终变得越来越善妒、越来越自私。

怯懦的孩子容易发展成尖酸刻薄、自私挑剔的人。他们不但吝啬对别人的赞美，甚至当别人被赞美时，会产生愤恨的心理。当一个人通过贬低他人而不是努力获得自身成就来完成超越时，他就是怯懦的。教育的一个重要任务就是消除儿童对他人的敌对情绪，认识不到这一点，教育者将永远不会知道怎样才能规避孩子发展出不良性格特征。教育者只有明确地知道教育的目的在于调和孩子与社会和生活的关系时，才能知道该朝着哪个方向去引导孩子。比如，应对怯懦的孩子，教育者应当引导他们与其他孩子发展出友好的关系，同时教育他们无论对方是否做错了事，都不应该轻视对方；反之，如果教育者放任自流，就会让怯懦的孩子生出自卑情结，丧失勇气。

当一个孩子对未来失去信心时，他就会脱离现实，把精力浪费在无用的方面。教育者的重要任务或者说他的神圣职责，是确保孩子不会在学校遭受打击，并让已经受挫的孩子通过教育重获自信。只有当孩子对未来充满希望和快乐时，教育才发挥出了它本来的价值。

具有雄心壮志的孩子身上也会存在一种暂时性的挫败感，这种挫败感往往出现在考试没有取得第一名时。这种挫败感源自长期以来理想与现实的偏差而导致的神经性焦虑和慌乱。如果不及时疏导这类孩子的情绪，他们很容易形成虎头蛇尾的坏习惯。长大后，这类人也会频繁更换工作，因为他们总是害怕失败，不相信自己会迎来好的结果。

教育者要十分重视孩子的自我评价。但是简单的询问，未必能得到孩子对他们自己的真正看法。无论教育者的提问多么圆滑、巧妙，都会得到一个模棱两可的回答。比如，有的孩子会说对自己充满了信心，有的孩子会一个劲地贬低自己。调查后会发现，后者身边的成年人经常对他说"你真是无可救药"或者"你真是笨到了极点"。在这种严厉的责备下，孩子不可能不受伤害。然而，也有一种孩子只是在利用自我贬低来保护和捍卫自我价值。

如果不能靠询问获取孩子对他们自己的真实评价，那么我们可以通过观察的方式来了解他们是怎样处理问题的。比如，他们是自信而坚定地进取还是犹疑不前。我们可以通过一个简单的例子来加以说明：一个孩子在刚开始时表现得坚定不移，但随着困难越来越多，他开始变得犹豫不决，最终选择逃避困难。有时候，人们把原因归结为懒惰；有时候则认为他们只是心不在焉。评价不一样，但结果其实是一样的，即他们不像我们期待的那样去直面困难、解决问题，而只是忙于克服障碍。这类孩子很擅长糊弄家长，让家长误以为他们缺乏克服困难的能力。但当了解了事情的全貌，再结合个体心理学的原则，就不难发现问题的根源在于他们缺乏自信，因此特别容易低估自己的能力。

　　在探讨追求优越感的问题上，我们必须牢记，以自我为中心的极端个人主义是不利于社会发展的。一些孩子只专注于追求优越感，而从不考虑他人的感受，最终这类孩子将表现出违背社会性的一面，如无视法律法规、贪婪自私等。这样的人一旦手上握有他人的把柄，便会拿来伤害他人。

　　在那些应受到谴责的孩子身上，我们发现了一个明显的人性特质：总是或多或少地希望与他人产生联系。虽然我们很难从这类孩子身上找到社会情感，但他们的确与周围环境之间存在着各种各样的关系，我们必须将其找出来。例如，可以通过观察孩子的眼睛来了解他的想法，因为眼睛不仅负责光线传导，还负责社会交流。一个人看向另一个人的眼神就可以显示他想要与对方产生联系的想法。这就是心理学家和作家都强调眼睛的作用的原因。我们还可以通过观察他人的眼睛来读出他对我们的看法，并试图透过心灵之窗抵达他的灵魂深处。尽管这种解读存在一定误差，但至少可以判断出他是否对人类充满了友善。

众所周知，不敢直视成年人眼睛的孩子总会让人起疑，但这并不代表这个孩子带有恶意或有不良习惯。这种眼神躲闪可能只是想短暂地躲避与那人的接触。有些孩子总是习惯于与他人保持一定的距离，从而弄清楚到底发生了什么，认为有必要进一步接触时才会靠近。他们对这种近距离接触有一种不信任感，可能是因为曾经有过一段不好的经历，并把那段经历内化为知识体系，然后错误地加以应用。还有些孩子很喜欢依靠在母亲或老师身边。对这类孩子来说，他靠得最近的人就是他认为最重要的人，但他嘴上并不会承认。

有的孩子走路时总透露出一股自信和勇气，这类孩子往往昂首挺胸，步履坚定，声音沉稳，毫不胆怯；而有的孩子跟人说话时立马暴露出自卑感，表现得畏畏缩缩，无力应对一些人和事。

很多人认为这种自卑感是与生俱来的，其实不然，无论多么勇敢的孩子都可能因经历某些事情而改变性情。父母胆小的话，孩子也会缺少勇气，这不是遗传的作用，而是来自后天的熏陶。家庭氛围和父母的性格对孩子的发展至关重要。在学校经常独来独往的孩子，多半他们的家庭很少有社交活动。肯定会有人因此联想到遗传因素，但事实并非如此。一个人能否与他人正常交往，并不在于大脑等生理方面的变化，但是掌握这方面的变化的确有助于加深我们对这类孩子的了解。

我们可以列举案例来探讨这个问题。一个孩子从出生起便存在生理缺陷，常年备受病痛的折磨，这样的孩子往往会沉溺于关注自身感受上，并认为外部世界是冷酷残暴的。这便会引发第二个有害因素——自卑。一个身体虚弱、必须依赖他人的悉心照顾才能生存的孩子，必然会因为这种依赖而产生强烈的自卑感。其实，面对与成年人在体型和力量上的悬殊，所有孩子都会产生一种自卑感，再加上大人常常勒令孩子，如"大人说话，小孩别插嘴"，这种自卑感便更重了。

这些无疑让孩子更加觉得自己处于不利地位，但他又无法容忍自己比别人更矮小、更无力，越是这样觉得，他就越想让自己变得更强大，从而摆脱这种自卑的认知。他也会因此变得更加自私，更不想与身边的人建立融洽的关系，因为他为自己创造了一条新的准则——只考虑自己就好了。独来独往的孩子就是这种类型。

可以很肯定地说，大多数身材弱小或相貌平平的孩子有一种强烈的自卑感，但这种自卑感表现为两个极端，要么胆小懦弱，要么咄咄逼人。两种行为看似截然不同，但追根溯源都是因为自卑。前者追求他人认可的途径是保持缄默，后者则是喋喋不休。他们要么缺乏社会情感，不对外界抱有期望，认为自己毫无社会价值；要么将社会情感转化为为个人利益服务，从而成为备受瞩目的领袖和英雄。

如果一个孩子一直朝着错误的方向发展，那么教育者不能期待仅仅通过一次谈话就能改变他的行为模式，而是必须要有十足的耐心。有的孩子在改进的过程中时有倒退，那么教育者应该及时劝导孩子，告诉他成功不是一蹴而就的。有的孩子数学已经落后了很多，他不可能两周内就弥补这一不足，但教育者需要让他知道，只要有毅力，人是可以弥补任何事的，这只是时间问题。有的孩子因误入歧途而衍生出懦弱的性格，进而出现行为怪异的一面，教育者需要鼓励他们，只要他们不存在智力低下的问题，就能得到矫正。

愚笨、冷漠都不代表智力低下。智力低下的儿童，总会存在身体上的某种缺陷，而这种缺陷是由大脑发育不良造成的。虽然有的身体缺陷会随时间的推移而消失，但会在孩子的内心留下伤痕。也就是说，一个最初因为生理缺陷而羸弱不堪的孩子，即使后来身体变得强壮了，心理上也会有软弱的一面。

这意味着生理缺陷可能会导致孩子产生人格上的自卑，但也不排除与生理缺陷毫不相关的外部环境也会导致相同的心理问题。例如，父母缺乏爱的、残酷的教养方式，也不利于孩子的健康成长。在这种情况下，生活之于孩子而言，成了一种苦难和负担，所以孩子便对周围环境产生了敌意。两种情况虽然不同，但都导致了心理问题。

我们不妨想象一下，那些在缺爱环境中长大的孩子所形成的心理问题该多么难以治愈。在他们看来，所有人都有可能对他们造成伤害，所有学业上的督促于他们而言都是极大的压迫。他们感觉所有人都在束缚他们，因此一有机会就想反抗。他们没有办法正视身边的同伴，因为所有过得比他们幸福的人都让他们无比嫉妒。这样的孩子往往会发展成总想破坏他人生活的消极性格。因为他们缺乏足够的勇气来改变自己所处的环境，便试图压迫弱者和有求于自己的人来获得优越感。结果就是，这类孩子只跟比自己处境更差的人交朋友。待到成年，这类男孩可能会更喜欢脾气温顺的女孩，但这并不是真的喜欢，只是出于一种心理补偿机制。

第五章

预防儿童的自卑情结

一个孩子花了很长时间才学会走路，并不意味着这个孩子一定会发展出自卑情结。但如果一个孩子身体上行动不便，一定会给他的心理造成巨大影响。他会对自身的处境感到不满，由此变得悲观，乃至影响未来的发展，即便当初对他产生影响的缺陷已经不复存在了。曾患有佝偻病的孩子，在治愈后仍然可能留下疾病的痕迹，如腿部弯曲、动作笨拙、脊柱变形、脚踝肿胀、关节疼痛、不良姿势等。

　　儿童在病痛期间的挫败感和随之而来的悲观倾向永远遗留在了他们内心深处。这些孩子看到同龄人轻松地生活就会陷入自卑，并往往表现为两种极端：要么完全失去信心，几乎不做任何进步的尝试；要么因身体残缺而受到激励，努力追赶比自己幸运的伙伴。显然，这些儿童并没有足够的认知来正确评估自己的处境。

　　事实上，决定儿童发展的不是他自身固有的天赋，也不是客观环境，而是他对自身和外部世界关系的看法。儿童的天赋并不是最重要的因素，成年人对儿童处境的判断也不重要，重要的是成年人要用儿童的眼光去看待儿童的处境，然后才能了解儿童在认知上犯了哪些错误。我们不能假设儿童会按照成年人的常识去思考和行事，而是要时刻准备着察觉儿童在理解自身处境时所犯的错误。当然，如果你认为儿童性本善，那么儿童教育就失去了意义；如果你认为儿童性本恶，那么还是没办法教育好儿童。所以，将儿童的性格特征归结为天性的人，是不适合从事儿童教育工作的。

还有人认为，只有强健的身体才能培养出强健的心理，这也是不对的。一个身体有缺陷的儿童，如果能以坚强的毅力面对生活，他仍能拥有健康的心灵；相反，一个身体强健的儿童，因受到不利环境的影响而对自己的能力产生了错误认知，那么他也不可能拥有健康的心灵。一旦面临失败，他就会把失败归结为自己的无能，因为这样的孩子对失败格外敏感，自然便把每一个障碍视为自己无能的表现。

有些儿童不但有运动障碍，还有语言障碍，即学说话很困难。学说话和学走路往往是在同一阶段进行的，两者虽然不存在必然联系，但都依赖家庭对儿童的教养。比如，一些本来不会出现语言障碍的孩子，因为家庭的疏忽而迟迟不肯开口说话。又如，父母溺爱孩子，导致孩子不必开口说话就能达到目的，这样的孩子也很晚才会学着说话。虽然，这些说话较晚的孩子一度被认为有听力障碍，但只要他们开口说话，就仿佛停不下来，似乎有特别强烈的表达欲，以至于日后成为一位能言善辩的演说家。作曲家舒曼的妻子克拉拉·舒曼，也是 4 岁才开口说话，直到 8 岁也只能勉强说一点点。长大后，她成了一个性格古怪、只喜欢钻到厨房消磨时光的人。我们可以从中推断出她一定在儿时很少受到关注。她的父亲说："奇怪的是，这种明显的心理上的不和谐却为她带来了和谐顺遂的一生。"

这里需要提一下，有语言和听力障碍的儿童，应当接受特殊教育。越来越多的案例证明，很少存在完全丧失听力障碍的儿童，无论儿童的先天听觉有多差，都应尽最大努力培养他们的听觉能力。卡尔茨教授已经证明，经过他的训练，即使被贴上听不懂音乐的标签，也能体会到声音的美妙。

有的孩子，大部分学科能学得很好，唯独一门学科（通常是数学）怎么学都学不会，从而被怀疑有轻度的智力障碍。其实，很多时候，孩子之所以学不会数学，是该学科带来的挫败感让他们感到恐惧。还有一种普遍的观念认为男孩比女孩更擅长数学，但事实证明，世界上有许多优秀的女性数学家和统计学家。

我们确实可以把孩子是否能学好数学作为判断其心理是否健康的重要指标，因为数学是能为人类提供安全感的少数学科之一。数学是一种通过数字对周围混乱状态进行稳定化操作的思维，而内心时常感到不安的人计算能力通常较差。

能给人带来安全感的还有写作、绘画、体操和舞蹈。写作可以将内心意识中已知的声音记录在纸上，绘画能永久地保留瞬息万变的视觉印象，体操和舞蹈是对身体安全感的最好表达，通过灵活自如地操控身体，便可以实现身体上的安全和一定程度上的心理安全。正因如此，很多教育者热衷于让孩子学习体操和舞蹈。

　　儿童在学习游泳时的状态很值得关注，如果他很难学会游泳，则表明他有明显的自卑感；如果他能轻松学会游泳，则表明他能克服很多困难。很难学会游泳的孩子对自己和教练都缺乏信任。但有一点需要注意，那就是很多一开始学习困难的孩子后来成了游泳健将，这说明一旦孩子克服了最初的困难，便会受到成功的激励，进而逐渐形成追求完美的性格，直到成为游泳冠军。

　　在孩子的成长道路上，看他是否特别依赖某个家庭成员往往意义重大。通常，孩子很容易依恋母亲，在没有母亲时，才会依恋家庭的其他成员。这种依恋几乎体现在每个心智正常的孩子身上。当一个孩子在母亲的抚养下长大，却将依恋投射在其他家庭成员身上时，就有必要去追根溯源了。我们并不是说，孩子应当把所有的感情和注意力都集中在母亲身上。要知道，母亲的功能就是要把孩子的兴趣和信心转移到他的小伙伴身上。在孩子的成长过程中，祖父母常常扮演着重要的角色，而且通常是溺爱孩子的角色。这是因为随着年龄的增长，人会害怕自己变得不再那么重要，于是常常夸大这种自卑感，转而变成唠唠叨叨又心软慈祥的长辈，于是在孩子面前，他们越来越不会拒绝。孩子由于在祖父母那里被无条件宠爱，所以很反感回到自己必须服从一定纪律的父母家里，而且父母经常会听到孩子抱怨在祖父母家里过得更舒心自在。之所以在这里提到祖父母在儿童教育中扮演的角色，是为了提醒教育者不要忘了调查研究孩子生活中的任何重要因素。

如果孩子因佝偻病引起的行动笨拙问题（参见附录一中的问题2）长时间得不到改善，通常表明孩子受到了过多的照顾。母亲应该时刻保持理智，即使孩子生病需要特别关注，也不要扼杀孩子的独立性。

另一个重要问题是孩子是否经常制造很多麻烦（参见附录一中的问题3）。如果是这样，可以确定母亲与孩子之间的依恋关系很严重，或者说母亲没有成功培养起孩子的独立意识。孩子制造的麻烦体现在生活中的方方面面，如入睡晚、进食困难、夜晚尿床等。孩子制造这些麻烦的目的是吸引某个特定人的注意。麻烦接踵而来，就好像孩子发掘出一个又一个可以控制大人的武器。一旦儿童出现这种表现，就表示需要特别注意他们的成长环境了。惩罚毫无用处，因为他们故意刁难父母为的就是让父母惩罚他们，然后证明这种惩罚对他们来说毫无用处。

还有一个特别值得关注的问题，即孩子的智力发展情况。这个问题往往很难给出准确答案，有人会借助比奈—西蒙智力测量表进行测试，但结果并不太可靠。其实所有的智力测试都是如此，都没办法精准测量孩子不断发展着的智力。总的来说，孩子的智力在很大程度上取决于家庭环境，处境较好的家庭能够对孩子的身体发育起到良好的帮助作用，而身体发育良好的孩子往往智力更高。智力发育较迟缓的孩子大多出自贫困家庭。由此，我们不难得出结论，出自贫困家庭的孩子如果能像家境殷实的孩子一样得到良好的教育，那么他们取得的成就一点儿也不会差。

还有一个值得探讨的问题是，孩子有没有被嘲笑的经历，以及是否因此倍感苦恼。不可否认，一些孩子能够忍受这种打击，但有的孩子会因此丧失勇气，逃避困难，将注意力转移到自己的外形上，而这些都表明孩子失去了自信。当一个孩子不断与人发生争吵，认为自己与他人不是侵略就是被侵略的关系时，他已经处于一个敌对的环境了。这样的孩子不习惯服从，认为服从是卑微的表现。所以，不管是对人报以礼貌的回应，还是他人对自己的同情，他们都认为这是一种屈辱。他们从不在人前哭泣，甚至会在伤心的场合大笑。在别人看来，这样的人仿佛铁石心肠，但实际上这只是他内心软弱的外在表现。事实上，任何冷酷的行为背后都隐藏着软弱，因为真正强大的人是不会对冷酷有任何感觉的。这样的孩子往往不修边幅，他们喜欢咬指甲、挖鼻孔，非常执拗。我们应该鼓励他们，让他们明白自己行为背后隐藏的是软弱，只是他们害怕流露而已。

附录一中的问题4涉及孩子是否容易交到朋友，待人是否友好，是领导者还是跟随者。这些问题常与孩子建立联系的能力有关，换句话说，与孩子的社会情感和自信程度有关，更与他们的服从程度和支配欲望有关。当一个孩子将自己孤立起来时，表明他对自己的竞争能力毫无信心，同时他又特别渴望超越别人。这很危险，因为这容易导致孩子走向极端，变得过度膨胀或过度贪婪。这种向外在寻求支撑点的行为本身就代表了他内心的脆弱。这样的孩子一旦感到被忽视，就有可能出现偷盗行为，因为他们在这方面比其他孩子更加敏感。

附录一中的问题 5 涉及孩子对待学校的态度问题。父母和教育者必须观察孩子是否习惯性迟到，是否对上学感到兴奋（这种情绪通常表现为不情愿去上学）。在不同情况下，孩子会表现出各种对上学的恐惧情绪。比如，当他们不得不去做作业时，很容易发怒、精神紧张，甚至引起心悸。学校的评分系统往往会加重这种情况，但如果学校不按成绩来评判孩子的话，很可能会让他们从巨大的心理负担中解脱出来。

孩子的作业是自愿完成的还是必须在父母的监督下才能完成？时常忘记作业正是孩子逃避责任的倾向。不好好做作业或抵抗做作业正是他们逃避上学的手段。他们愿意做除上学之外的任何事情。

成绩差的孩子更倾向于将懒惰作为失败的原因，而不是能力不足，然而，他真的懒惰吗？当被认为懒惰的孩子完成一项任务时，人们会立即表扬他："如果他不犯懒的话，可以取得更大的成就。"孩子在听到这种话后深以为然，相信自己不需要再努力证明自己的能力了。这种类型的孩子还表现为胆小怕事、注意力不集中、总是依赖他人，其中受到溺爱的孩子还会为了吸引注意力故意扰乱课堂秩序。

孩子以怎样的态度对待老师，这个问题比较难回答。一般情况下，孩子会隐藏自己的真实态度。当孩子经常辱骂同学时，代表他想要通过贬低别人的行为来掩藏自己的软弱。这种类型的孩子给人十分傲慢、自以为是的感觉。

但更难对付的孩子是对一切都漠不关心的孩子，他们看似对一切无动于衷，但其实戴着伪装的面具，内心并不是真的如此冷漠。这类孩子在被逼到绝境时，通常会出现极端行为，如歇斯底里或试图自杀。他们从不主动做任何事，除非得到命令必须去做，他们害怕挫折，特别在意他人的看法。这类孩子急需帮助。

十分热衷体操或其他体育项目的孩子在其他方面也极具抱负，因此他们特别害怕失败。阅读量远超常人的孩子通常缺乏勇气，他们希望通过阅读获得权利。这类儿童有丰富的想象力，但又害怕面对现实。父母和教育者需要留意这类孩子喜欢的图书类型，是小说、童话，还是传记、游记，抑或科学著作。到了青春期，他们很容易被色情书籍所吸引。为了防止这种情况出现，家长可以及时进行性启蒙教育，帮助孩子提前做好步入成人的准备，并同孩子建立良好的亲子关系。

附录一中的问题 6 涉及家庭成员的健康状况，如家庭成员有无酗酒、犯罪倾向、神经症和癫痫等情况。全面了解孩子的疾病史十分重要。习惯性张嘴呼吸的孩子面部表情都有些呆滞，这是因为腺样体和扁桃体肥大阻碍了孩子的正确呼吸。家长有必要带孩子去做消除这些障碍的手术，并告诉孩子做这种手术的益处。

家庭成员如果长年患病，也会影响孩子的健康成长。长期患病的父母会给孩子带来沉重的心理负担。如果有可能，最好不要让孩子知道家庭成员患有精神疾病，因为某些精神疾病的遗传性会让孩子陷入无尽的猜测和担惊受怕中，以至于给整个家庭蒙上阴影。家庭成员的犯罪倾向也会影响孩子的心理健康。然而，把孩子带离这种家庭环境也是个难题。癫痫病人常常易怒，扰乱家庭和睦。

我们不能忽视家庭的物质条件对孩子人生观的影响。相较于家庭条件好的孩子，贫困家庭的孩子往往会有一种匮乏感。"由俭入奢易，由奢入俭难。"这句俗语放到孩子身上，情况更严重，当孩子突然失去优渥的生活条件时，往往是难以忍受的。如果祖父母十分有能力，父亲却一事无成，孩子的不足感会更加强烈，可能会变得十分勤奋，以此表达对父亲懒惰的抗议。

第一次直面死亡，也会给孩子带来巨大的冲击。毫无准备地不得不面对死亡，第一次认识到人终有死亡的一天，会让孩子沮丧不安，然后心生畏惧。如果你认识很多医生，将不难发现他们选择这个职业的很大原因是曾突然遭遇过身边人的死亡，这证明死亡的确会深深地影响孩子的认知。所以，最好不要让孩子过早地直面死亡，他们还没办法完全理解死亡。

有一点很重要，就是了解谁在整个家庭中拥有绝对发言权。这个角色的扮演者通常是父亲，如果这个角色由母亲充当，那么将对男孩子造成不利影响，如对父亲表现得不够尊重，或即使长大后仍对女性有一种难以摆脱的恐惧感。这样的男性要么不敢与女性接触，要么总是给家里的女性制造麻烦。

家教严不严这个问题也值得探讨。个体心理学认为，在教养孩子时不应过于严厉，也不应过于温和，而是应理解孩子，让他们避免犯错，同时要不断鼓励他们勇敢面对和解决问题，培养社会情感。父母管教过严往往会伤害孩子的自尊心，打击孩子的积极性；溺爱会导致孩子产生严重的依赖心理，难以形成独立的人格。父母还应避免美化事实或者过于悲观地描述这个世界，尽可能地让孩子自己面对生活，让他们学会自己照顾自己。没有从父母那里学会直面困难的孩子会一直回避困难，这会让他们的生活圈子越来越小。

重要的是，要知道谁负责管教孩子。母亲不必时时刻刻陪伴在孩子左右，但一定要知道把孩子交给谁照顾是最好的。最好的教养方式是让孩子在合理的范围内学习经验，这样，孩子就不是通过依赖别人的教导而是根据客观逻辑形成行为习惯的。

附录一中的问题 7 涉及孩子在家庭结构中的排行，这对孩子的性格形成有很大的关系。独生子女情况比较特殊；没有同性兄弟姐妹、排行最小的孩子的情况也比较特殊。

附录一中的问题 8 涉及职业选择。这是一个很重要的问题，因为它展示了环境对孩子的影响，以及伴随这种影响而来的社会情感的发展程度、孩子的生活节奏，以及他是否有勇气面对生活。白日梦（附录一中的问题 9）问题和童年记忆（附录一中的问题 10）问题同样重要。梦境也能指示孩子前进的方向，指出他在面对问题时，是试图解决的那一个还是选择逃避的那一个。教育者往往能通过分析孩子的童年记忆推理出孩子的整个生活方式。孩子的身体发育情况，如体态端正还是不端正、身材比例是否失调、是否有畸形足等，也很重要（附录一中的问题 13）。

　　附录一中的问题 14 涉及孩子是否会坦率地讨论自身的情况。有些孩子喜欢通过吹嘘来弥补他们的自卑感，还有的孩子拒绝谈论自身的情况，害怕被利用，或者害怕将弱点暴露人前，受到伤害。

　　附录一中的问题 15 涉及孩子的积极表现。如果孩子某一学科成绩优异，那么父母及教育者应给予十足的鼓励，从而促使他在其他科目上也取得进步。

　　如果一个孩子到了 15 岁还不知道自己想成为什么人，那么就说明这个孩子对自己毫无信心，教育者应相应地给予帮助。除此之外，教育者需要考虑孩子家庭成员的职业以及兄弟姐妹之间在社会地位上的差异。另外，父母不幸的婚姻也可能阻碍孩子的发展。教育者有责任全面了解孩子及其生活环境，并根据问卷调查中了解到的情况不断完善对每一个孩子的教育方案。

第六章

培养具有社会情感的儿童

本章的内容与前面讨论的优越感问题形成了鲜明对比，即我们发现许多儿童和成年人都有着这样一种心理诉求：与他人团结合作，并成为对社会有价值的人。我们可以将其概括为"社会情感"。那么，这种心理诉求的根源究竟是什么？一直以来极具争议。但从我们所了解的情况来看，它似乎关系着一种与人性密不可分的现象。

有人会问，人类对社会情感的需求是否比对优越感的追求更符合人的内在表现？答案是，两者在本质上是一样的，都来源于被别人肯定的欲望，都建立在人性的基础上。它们都是一种强烈的、希望得到别人认可的欲望表达，只是形式上有所不同，而不同的形式是因为涉及对人性的不同看法。追求优越感的人即使脱离了群体，认为靠着努力也可以独立行事，达成所愿；抱有社会情感需求的人则认为个人难以脱离集体获得成功。单从人性的角度来看，对社会情感的需求优于追求个人优越感。对社会情感的需求更加健康，也更符合逻辑，而后者较为肤浅，尽管它在个体生活中普遍存在。

如果我们想要明白社会情感在何种意义上更符合逻辑，只需要观察人类的历史即可——人类一直生活在群体中。这没有什么可惊讶的，所有没有能力自我保护的生物总是会被迫群居生活。对照一下人类和狮子，就会意识到人类是相当不安全的，因为大多数与人类体型相当的动物，无论是在进攻还是防御方面，都更加强壮有力。达尔文观察到，自然界中所有进攻能力和防御能力均较弱的动物总是结队而行，如强壮的猩猩只需与伴侣居住，而猩猩科中较弱小的成员总是成群结队地出没。正如达尔文所指出的那样，群居是个体动物因欠缺利爪、獠牙、翅膀等而寻求的一种补偿机制。

群居不仅弥补了个别动物的缺陷，还让它们发现了改善自身处境的有利方法。例如，猴群甚至懂得派"侦察员"到敌方侦察情况。它们就是这样将集体力量发挥到最大来弥补个体成员先天弱势的。水牛群也会集中在一起，抵抗比它们实力更强大的单个敌人。

动物社会学家在这些动物群体中，发现了类似法律的制度规划。派遣前去侦察的成员必须严格遵守纪律，否则就会受到整个群体的惩罚。

有趣的是，一些历史学家也曾断言，人类最古老的法律就是为了约束部落守卫者的法律。如果真是如此，将不难推断群体观念的形成正发生于较弱的动物间，且是出于自保的目的。从这方面来说，社会情感是伴随着身体上的虚弱产生的，二者不可分割。那么将这一情况放置到人成长的过程中，那么在婴儿期和儿童期这种最无助的时候，正是培养社会情感的最好时机。

综观整个动物世界，所有动物的幼崽在出生时都不像人类幼崽那么柔弱无助。是的，人从出生到完全成熟需要的时间在所有动物中是最长的。这并不是因为儿童需要学习太多事情才能成熟，而是由人类的发展方式决定的。儿童必须在父母的保护下长大，这是人类发展的需要。

正因为儿童的柔弱无助，才将教育和社会情感联系起来。教育成为一种弥补这种生理缺陷的必需品，而教育的目标则指向将儿童培养为依赖社会情感的群居个体。因此，教育本身就具有社会属性。

我们为儿童教育制定的所有规则和方法，必须始终本着完成群体生活和适应社会的理念。无论我们是否意识到，人类总是更喜欢符合社区标准的良善行为，排斥有害于社会的行为。

我们观察到的所有教育方面的错误之所以是错误，是因为我们认为它们不利于或者有害于社会发展。所有伟大的成就和人类能力的发展都发生在社会生活中，并以社会情感为指引。

我们不如以语言发展为例。独自生活的人显然是不需要语言的，但人类发展出了语言，说明语言对社会生活来说是一种必需。语言是人与人之间的特殊纽带，同时是人类共同生活的产物。只有当我们从整个群体的角度去考虑时，才能理解语言心理学。独自生活的个体对语言毫无兴趣，当孩子很少参加社会活动，并孤立长大时，他的语言发展过程必然困难重重。所谓口才，只有当个体与他人建立联系时才能有所提高。

人们普遍认为，能流利表达的孩子更有语言天赋，但事实并不是这么简单。在说话方面遇到障碍的孩子通常缺乏社会情感。说话晚的孩子通常是被溺爱的孩子，母亲时刻关注着他们的一举一动，在他们开口之前就已经帮他们做了所有事。他们根本不用开口讲话，但这样一来，也就失去了社交的能力。

有的孩子不愿意说话，是因为父母不允许他们说完一句完整的话，或不允许他们自己回答问题；还有的孩子因为受到嘲笑或讥讽而备受打击，从此不敢开口说话。父母在孩子说话时，总是不断纠正和挑剔，是一个普遍存在的不良习惯，结果就是导致孩子长期背负着自卑感。当孩子在开口说话前总加上一句"请不要嘲笑我……"这样的开场白，我们便能立刻意识到他童年时期常受人嘲笑。

还有一类孩子，能正常听和说，但他的父母都是听力障碍者。这类孩子在受伤时，总是哭泣却不发出任何声音。因为在他的成长过程中，他只需要让父母看到他的痛苦即可。

人类其他能力，如理解力或逻辑能力的发展，都离不开社会情感。独自生活的人不需要任何逻辑思维，或者说不会比其他人更需要。如果一个人始终需要与他人接触，那么沟通时必然要使用符合逻辑常识的语言，而语言需要通过社会情感才能获得。这是所有逻辑思维的终极目标。

有时候，人们的某些行为看起来有些不合常理，但如果结合他们的个人目标来看，这些行为其实是相当聪明的。这种情况常在这样一类人身上出现，即总是觉得别人的想法应该与他们的想法保持一致。这一点足以证明，社会情感往往决定着人类的判断（在社会生活较为简单的情况下，人类不需要解决复杂的问题，那么就更没必要掌握常识了）。这也就解释了为什么原始人长久停滞在原始水平层面了，因为他们的生活相对简单，不需要更为深入的逻辑思考。

不管怎么说，语言和逻辑思维是人类发展出来的两种神圣的能力。如果每个人都只需要解决自己的问题，而不考虑他所生活的社会，也不使用社会语言，那么必然会陷入混乱。社会情感给予人类一种安全感，就个体而言，这种安全感是其生活的支柱。社会情感是构成自信感的重要因素。比如，为何人类特别相信数学运算，并将能用数学表达的事物视作真理？因为数学让人们方便沟通，也让大脑更容易理解。如果一个真理无法传达或分享给他人，那么它就很难让人相信。这种思维方式也让我们理解了为何柏拉图试图将哲学建立在数学之上。他希望哲学家回到"洞穴"中，也就是重返群居生活，即他认为哲学家也不能脱离社会情感而独自生活。

那些在童年时期缺乏安全感的孩子，在与他人接触或需要独立完成某些任务时就会显露出明显的弊端，尤其表现在需要客观性思维和逻辑性思维的学科中，如数学。

人类在童年时期所形成的概念（如道德感、伦理等）通常是单向的或片面的。一个被迫独自生活的人，是根本无法理解道德的。道德只有在我们考虑社会和他人的权利时才会出现。脱离社会，单纯从审美、艺术创作的角度出发，道德很难得到证实。然而，即使在艺术领域，我们也可以感受到一种大体上源自健康、力量、有益于社会价值的道德。总的来说，即使是美学，也需要遵循一定的社会规范。

有这样一个现实问题考验着我们——如何判断儿童的社会情感发展到了什么程度？我认为需要根据儿童的某些特定行为表现来加以判断。例如，当看到孩子为了占据优势地位而丝毫不顾及他人的感受时，我们可以确定他的社会情感一定比懂得照顾他人感受的孩子要少。当然，在现代文明中，很难想象不想追求优越感的孩子，但同时大部分孩子的社会情感没有得到充分发展。这个问题，一直以来饱受道德家和批评家的批判——人类天生就以自我为中心，很少考虑他人。这种批评总是以说教的方式体现出来，但这并不会起多大作用，毕竟说教只是停留在理论上，根本解决不了任何问题。人们最终只能安慰自己：反正大家都一样。

当儿童的思想变得混乱、发展出有害或犯罪倾向时，我们必须认识到，再多的道德说教都没有用。在这种情况下，只有追根溯源、深入探究，才能从根本上解决问题。换句话说，我们必须放弃道德评判官的角色，而应该扮演朋友或医生的角色。

如果我们不停地指责孩子愚笨，那么他很快就会深以为然，而后不再有勇气去做任何尝试。接下来，他会在任何尝试去做的事情上陷入失败，并归咎于自己愚笨，慢慢地，这种想法便在他的心中扎下根来。这种负面评价从一开始就破坏了他的自信，而他也不知不觉地在此基础上安排自己的生活，然后证明自己的确很愚笨。孩子由此总觉得自己与同龄人比起来能力更差，很难成功。他的态度清楚地显示出他的信念已经跌至谷底，却不知这种情况会随着环境的恶化而恶化。环境施予他的压力越大，他就越低沉。

个体心理学试图表明，环境的影响充斥在每个孩子所犯的错误中。例如，孩子之所以邋遢、无条理，是因为总有人帮他把东西收拾得井井有条；一个撒谎成性的孩子背后常常有一个专横的家长，而孩子越说谎，家长的手段会越严厉。自吹自擂的孩子也常常带有环境影响的痕迹，这类孩子比起完成任务来说，更渴望得到赞美。在追求优越感的过程中，他也不忘得到家庭成员的夸赞。

在养育儿童的过程中，父母难免顾此失彼，以至于家中每个孩子的处境都会有所不同。老大因为曾是家中独子，地位很特别；老二一出生，老大就失去了做独生子的机会；家里最小的孩子的经历，一般是老大难以体会到的，因为他总是家里最弱小、最需要照顾的那一个。

当然，还有另外一种情况，即老大和老二一起长大，但老大因为能力突出而早早克服了某些困难，而老二仍需要努力克服，这时，老二的处境变得十分不利，而他自己对此也深有体会，于是产生自卑感。为了消除自卑感，他往往会更加努力地想要超过他的哥哥或姐姐。

经常与孩子打交道的个体心理学家往往能从孩子的行为表现中判断出他在家中的排行。家中年长的孩子如果努力进取，取得了不错的成绩，那么年幼的孩子就会受到激励，表现得更加积极努力。但如果年长的孩子能力不足，年幼的孩子一般不会表现出多么努力来。

因此，确定孩子在家庭中的排行十分重要，只有了解了孩子在家庭中的地位，才能彻底理解他。在家庭中排行最小的孩子，往往特征十分明显。当然也有例外的情况，但排行最小的孩子普遍表现出强烈地想要超越哥哥姐姐的欲望，一刻也不肯懈怠，对自己的成功怀有强大的信念。这些观察对儿童教育至关重要，通常决定了该采取哪种教育方法，因为不同的孩子往往需要采取不同的教育方法。虽然，我们根据某种特点将孩子划分为几种类型，但每个孩子都是独一无二的，我们必须将每个孩子视为独立的个体。这在学校中几乎是不可能的，但在家庭中是可以做到的。

最小的孩子无论到哪里都想成为焦点，而且大多数情况下他们的确能达成所愿。我们应该着重把这一点考虑在内，因为它大大削弱了精神特征往往来自遗传的观念。最小的孩子总是那么相似，单就这一点就否定了遗传因素的影响。

在研究排行最小的孩子时，我们还发现一种与上述情况完全相反的情况，即虽然同为家里最小的孩子，但这类孩子是彻底消极的，如十分懒散。这两种情况看似完全相反，但实际上不难理解。因为，抱负越大的人或者说越是强烈想要超越他人的人，越容易遭受失败的打击。抱负心让他快乐不起来，尤其当面前横跨着难以逾越的障碍时，他们可能比那些抱负心没那么强烈的孩子更早地逃离。在这类孩子中，我们理解了那句拉丁谚语——要么成为恺撒，要么一无是处。或者说，它代表了一种"宁为玉碎不为瓦全"的意识。

哪怕在《圣经》里，也有对排行最小的孩子的贴切描述，如约瑟、大卫、扫罗等的故事。也许会有人提出异议，说约瑟还有一个弟弟本雅明，但本雅明是在约瑟17岁时才出生的，所以在成年之前，约瑟就是家里最小的孩子。家庭中最小的孩子的成就超过他哥哥姐姐的情况不止出现在《圣经》中，童话故事中也有。比如，德国、俄罗斯、斯堪的纳维亚、中国的童话故事都出现过排行最小的孩子胜过哥哥姐姐的情况。这绝不是巧合，可能过去这类孩子的特征比现代这类孩子的特征更为突出。在过去，他们可能更容易引起人们的注意，所以更容易被观察和记录下来。

关于孩子的排行问题还有很多值得谈论的。不同家庭中的老大也有许多相似的性格特征，我们可以归纳出2～3种来。

我们花费了很长时间研究长子或长女的性格特征，但始终理不出清晰的思路，直到偶然发现了《冯塔纳自传》中的一段文字。冯塔纳的父亲是一位法国移民，参加过波兰与俄罗斯之战，他是这样描述其父的："当他读到1万名波兰人打败了俄罗斯的5万大军时异常兴奋。"冯塔纳无法理解父亲的喜悦，他说："我高兴不起来，明明是5万俄军更强大，强者应该一直是强者才对。"正是这样一个故事让我们得出结论：冯塔纳是家里的长子，只有长子才能说出这样的话。他一定记得当他还是家中独子时，自己拥有绝对的话语权，而这样的人被弱者打败是不公平的。事实上，长子通常较为保守，他们相信绝对权力，相信不可动摇的法则，且很容易接受专制主义。他们向往绝对权力，因为自己曾一度拥有过那样的权力。

当然，总有例外情况出现，这里就有一个很好的案例，不得不引起我们的重视。年长的男孩在有了一个年幼的妹妹后，就成了被忽视的那一个。从那个男孩心灰意懒、充满困惑的描述中我们不难发现，问题出在他年幼又聪明的妹妹身上。情况并非偶然发生的，我们完全可以给出合理的解释。首先，我们的文明似乎对男孩更寄予厚望，尤其当这个男孩还是长子的时候。所以，在他的妹妹出生前，他一直处于有利地位，甚至被溺爱。而妹妹的出现破坏了他的家庭地位，于是他便将妹妹视为一个讨人厌的闯入者，对她充满了敌意。而这反而激发了妹妹想要做出非凡努力的决心，如果她没有崩溃的话，这种激励可能会伴随她的一生。女孩进步飞速，男孩为此感到震惊，自然而然地，他作为男性的优越感被摧毁了。于是，他开始焦虑不安，再加上女孩顺应了自然规律，在14～16岁时身心得到飞速发展，完全超越了哥哥。可男孩依然毫无改进，直到彻底丧失自信、放弃努力，接着开始为自己寻找各种借口，制造麻烦、逃避困难。

这种类型的男孩时而仇视女性，时而感到命运多舛，因为很少有人能理解他们的处境并向他们做出解释。有时这种情况会恶化到遭到家长的抱怨："为什么哥哥和妹妹不能反过来呢？"

　　成长在多个姐妹中的唯一男孩也有类似的情况。家里如果有好几个女孩，只有一个男孩，那么这个家庭很容易形成一个以女性为主导的氛围。要么男孩被家庭成员宠坏，要么他排斥所有女性。这两类男孩必然会迎来不一样的成长方式，但我们还是可以从中寻找到一些共同特征。人们普遍认为，男孩不应该在全是女性的家庭环境中成长。这不是性别歧视，在全是男性环境中长大的女孩也会遇到同样的问题，如女孩会模仿或扮演男性角色，这将对她的未来生活造成不利影响。

　　养育男孩和养育女孩是一样的，这样的观点很难得到所有人的赞同。有人认为或许短时间内可以，但很快就会出现差异性。不管怎么说，男孩和女孩的生理结构不同，这决定了他们在生活中必然要扮演不同的角色，这种差异性甚至影响到职业选择。对自己性别不满意的女孩往往会抗拒婚姻，认为结婚是对她人格的羞辱，会让她处于受支配的地位。而从小被当作女孩抚养长大的男孩也会难以适应自己应当扮演的角色。

　　在考虑这些问题时，我们要切记，儿童的生活方式往往在他四五岁时就确定下来了。因此，在这一阶段，必须培养他一定的社会情感和灵活适应外部环境的能力。到了5岁时，他对外部环境的态度已经基本固定下来，对外部世界的感知也不再发生太大变化，他会一直遵循自己的观念，重复着最初形成的心理机制和因此产生的行为模式。如此一来，他的社会情感必然因心理视野的局限而受到限制。

第七章

家庭环境与儿童的心理健康

不难看出，儿童对自己的处境是有所理解的，这种潜意识的理解又与他们的发展相一致。前文已述，在家庭中，老大、老二和最小的孩子都有着不一样的发展状况。原生家庭的成长环境可以说是儿童性格发展过程中的一种考验。

　　对儿童的教育永远不怕开始得过早。随着孩子的成长，他会逐渐构建出一套独属于自己的行为模式，来规范自己的言行，应对未来的各种情况。在孩子很小的时候，这种迹象十分细微，难以察觉，证明这种行为模式是悄然发生的。然而，在漫长的岁月中，它得到了反复训练，于是固定下来，这时，孩子根据既往经验和潜意识的理解对事物做出反应。但如果一个孩子对特定的情况进行了错误理解，或者对自身的应对能力做出了错误判断，那么他形成的行为模式也将是错误的。而且，一般情况下，等孩子成年后，这种错误的行为模式很难得到改善，即使它是符合逻辑的也无济于事。所以，这种错误只能在童年时期，在它最开始形成的时候进行矫正。

　　每个孩子的发展不尽相同，教育者需要关注每个孩子的个性，而不能胡子眉毛一把抓，将一般规则应用于群体教育中。这是同样的方法在不同孩子身上产生不同效果的原因。

　　另外，我们也不能笼统地把孩子在相同情况下做出的相同反应当成自然规律。事实上，是因为人类对普遍事实缺乏理解才导致孩子所犯的错误总是大差不差。比如，人们总是认为新生儿的降生会让哥哥姐姐心生嫉妒。对于这种说法，有的人持反对意见，认为如果让孩子对弟弟妹妹的出生有一个正确的认知，便不会产生嫉妒心理。犯错的孩子就像因贪图捷径而在山中迷了路，根本不知道何去何从，当他最终找到正确的下山道路时，所有人都会惊讶地说："所有走上那条路的人都会迷路的。"孩子所犯的错就像那些诱人的小路，因为看起来好走，所以误导了孩子。

　　许多因素会影响孩子的性格形成，但有一种因素造成的影响是难以估量的。一个家庭有两个孩子，一个孩子乖巧懂事，另一个十分调皮。如果仔细研究这个家庭的情况，就会发现调皮的孩子往往十分渴望主宰他人、超越他人，并总想控制周围环境。结果，总是听到他在家里大声哭闹。而乖巧懂事的孩子，集万千宠爱于一身，更被家长树立为调皮孩子的榜样。对于这样的情形，父母也一筹莫展。仔细研究后，我们发现乖巧的孩子同样渴望追求优越感，只是他选择了不一样的方法，即他认识到只要表现优秀就可以得到更多的认可。正如我们所发现的，两个孩子在暗自较量，第一个孩子不认为自己能在表现良好方面超过第二个孩子，所以他竭尽全力地在另一个方向上超越他，即调皮。由多年的经验可知，调皮的孩子往往比他的兄弟姐妹更容易成功。同时我们发现，在强烈的追求优越感的刺激下，孩子的表现也可能从一个极端走向另一个极端。这种情况在学校时有发生，尽管所有的孩子都在相同的环境下接受教育，但没有两个孩子会变得完全相同。而且，表现良好的孩子的性格会受到行为不端的孩子的影响。事实上，最初表现良好的孩子最后也可能变成问题儿童。

有一个17岁的女孩，她在10岁之前一直是个守规矩的模范孩子。她有一个大她11岁的哥哥，哥哥因为做了11年的独生子，而被宠坏了。当这个小女孩出生时，哥哥没有产生嫉妒心理，只是继续保持着他以往的行为习惯。当女孩到了10岁时，由于哥哥长时间离开家，她便扮演起独生女的角色，以至于她逐渐认为，只要她想做的事，不惜任何代价都要做到。他们家的条件不错，所以小女孩的愿望通常不会很难实现。然而，随着年龄的增长，女孩的愿望越来越难实现，她开始表现出不满。于是，她学会了靠着家里的关系借债，很快就欠下一笔巨款。这件事表明，女孩开始选择用另一种方式来满足她的愿望，但当家长开始拒绝她的要求时，她的行为模式发生了翻天覆地的变化，她在家里又哭又闹，成了一个讨人厌的人。

从这个案例和类似的案例中，我们可以得到这样一个结论：有的儿童即使一开始通过良好的行为追求优越感，但环境一旦发生改变，这种良好的行为便不能保证会一直持续下去。本书附录中的调查问卷可以帮助我们更全面地了解儿童及其行为活动，以及他们与身边环境和人之间的关系。从中，我们总能发现反映他们生活方式的某种迹象，然后发现他们的性格特征、情绪表达和生活方式都是他们用来追求优越感、增强自身重要性和在外部世界中收获声望的手段。

在学校里常常能见到这样一类孩子，他们与上述情况完全相反：十分懒散、性格内向，对学习知识、遵守纪律漠不关心，仿佛只生活在自己幻想的世界中，从来不曾表现出对优越感的渴望。但如果我们仔细观察或经验足够丰富的话，就不难发现这本身也是一种追求优越感的表达，只是方法略显荒谬。这类孩子不相信他们可以像其他孩子一样追求优越感，因此他们会避开一切提升自己的手段和机会。最后，他们将自己孤立起来，给人一种性格淡漠的印象，但其实背后隐藏着一颗敏感、脆弱的心。这颗心需要用冷漠伪装起来，才能免受伤害。所以，他是把自己严严实实地藏在了"盔甲"里，使任何人不得靠近。

如果教育者能成功地让这类孩子开口表达，就会发现他们通常沉迷于自己的幻想中，在幻想中他们是伟大而卓越的人。然而，现实往往与之相反，他们只是假装自己是英雄或者暴君，想要征服所有人或者剥夺所有人的权利。有时候，他们还会幻想自己为了拯救受苦受难的民众而牺牲，这种扮演救世主的倾向经常出现在孩子中。有时候，这种倾向不仅表现在白日梦中，还表现在行动中。比如，有的孩子会在某人处于危险时挺身而出。或者说，时常幻想自己扮演救世主的角色是他们为了在现实中继续扮演这个角色而进行的演练，只要他们的自信心没有被击垮，一有机会他们就会大展身手。

有些白日梦会不断地在他们的脑海中重复。在奥地利的君主制时期，许多孩子梦想着有朝一日能将他们的国王或王子从危难中解救出来，只不过很多父母并不知道自己的孩子有过这样的想法。不过，一般来说，经常幻想的孩子大多只能停留在幻想中，无法将其实现。这时，幻想和现实之间就出现了无法逾越的鸿沟。当鸿沟出现，有的孩子会让自己变得中庸，即继续做着白日梦，但同时会让自己试着适应现实；有的孩子则不会做任何调整，他们会从这个现实世界中逐渐脱离，完全沉浸在自己创造的幻想世界；还有一些孩子则完全不想与想象的世界有交集，他们只关注现实，阅读也只选择旅行、狩猎、历史类有现实价值的作品。

孩子需要想象力，这是毋庸置疑的，但更应该接受现实。孩子看待问题的角度与成年人不同，他们更喜欢将所有问题分为两个极端（要么好要么坏，要么聪明要么愚蠢，要么优越要么自卑，要么全有要么全无），这是成年人在理解孩子时应时刻谨记的。其实，成年人身上也存在这种对立，而且很难摆脱。比如，我们知道从科学的角度来讲，冷和热只是温度上的一种差异，但人们普遍将冷热对立起来，甚至在哲学发展的初期也能找到这种对立，如希腊早期的哲学家。即便到了今天，不太专业的哲学家也试图通过对立来衡量价值，如将上下、生死、男女对立起来。也就是说，习惯于把世界分为绝对对立面的人，都有着孩子般的天真。

　　众所周知，这种理想在现实生活中是行不通的，但他们仍然根据这一理想来调适生活。人类根本无法做到全有或全无，因为在有与无之间本就存在着千变万化。拥有这一思维模式的儿童，要么十分自卑，要么过于野心勃勃。一些孩子表现出来的性格特征其实可以追溯到这种全有或全无的对立观念中，如十分固执的孩子。我们甚至可以得出这样的结论：这些孩子已经形成一种与常识相悖的私人哲学和智慧。这里有个性格执拗的 4 岁女孩的案例。有一天，女孩的妈妈递给她一个橙子，但女孩接过去把它扔在地板上，说："你给我的东西我并不喜欢，我喜欢的东西会自己去拿！"

　　懒惰的孩子因为无法得到一切（实现全有），便越来越沉浸在虚幻的白日梦和空中楼阁中（全无）。不过，我们并不能草率地认为这样的孩子就是迷失了自我，变得无可救药。他们也许只是过于敏感，为了逃避现实才筑构起虚幻的世界来保护自己，但这并不意味着他们已经完全脱离了现实。在艺术家乃至科学家身上，我们也能看到这种与现实世界保持一定距离的特质，他们需要非凡的想象力。通过做白日梦唤起的幻想不过是个体采取的一种迂回路线，以避免生活中的挫败。古今中外，凡是想象力丰富同时能将想象与现实结合起来的人，大多成了人类领袖。他们成为领袖不仅因为他们接受过良好的教育、具有敏锐的洞察力，还因为他们有直面困难、克服挫折的勇气。阅读伟人的传记，我们会发现，一些伟人在儿童时期也不是传统意义上的优良学生，但他们发展出了出色的洞察力，一旦机会来临，他们就会凭借直面挫折的勇气成就一番作为。不过，如果要把孩子培养成伟人，并无规律可循，但教育者需要铭记的是，不能简单粗暴地教育孩子，要时刻鼓励他们，向他们解释生活的意义，以此拉近幻想与现实世界之间的距离。

第八章

新环境对儿童的考验

阿德勒正面管教心理学

　　人的心理世界不仅是一个统一体，还是一个连续体。也就是说，人格在任何时候的表达都是相互联系且一致的。人格的展开是连续发生的，中间没有间隔，无论是现在还是将来，其行为表现总是与过去的性格相一致。这并不是说一个人生活中的事件是由过去和遗传决定的，但它确实意味着未来和过去是具有连续性的。我们不可能在一夜之间性情大变，尽管我们一向不知道自己拥有怎样的内在潜能。也就是说，在我们将全部的能力施展出来前，永远不可能认清自己。

　　在这种并非机械决定的连续性事实中，不仅存在着教育和改进的可能性，还存在着在任何特定时间检测性格发展状态的可能性。当一个人进入一个新环境时，他所隐藏的性格特征就会显现出来。如果我们可以直接对个体进行实验，刻意安排新的、意想不到的情境，那么就有可能了解他的发展状态。个体在这种情境下表现出的行为一定与其过去的性格相一致，如此，我们就能观察到他在一般环境中无法展现出来的性格特征。

这在孩子身上更容易实现。比如，当孩子刚刚步入校园生活时，或者当他们的家庭突发变故时，他们的性格特征就像将胶片放进显影液中一样，清晰地呈现出来。当然，同样呈现出来的还有孩子性格中存在的一些局限性。

曾有一个被收养的孩子，我们观察到他的性情反复无常，经常发脾气，永远不知道他下一刻会做出什么事情来。当我们和这个孩子交谈时，发现他常常不能理智作答，而且经常顾左右而言他。综合考虑后，我们得出这样的结论：虽然他已经在养父母家生活了好几个月，但他一直对养父母持有敌意，所以他并不喜欢这个新家。

这是我们能从这个情境中得出的唯一结论。他的养父母不这么认为，因为他们给了这个孩子以往不能享受到的更好的待遇。这是事实，但并不是这个问题的关键所在。我们经常听到父母说："无论是好言相劝还是严厉以待，都没有用。"在教养孩子方面，只摆出善意是不够的。的确，有的孩子会对父母的善意做出积极的回应，但这并不意味着善意的回应就能完全改变孩子。孩子并不会认为当前所得到的善待能改变他们所处的环境，一旦这种善待消失，他们马上就会回到以前的样子。

在这种情境下，我们需要去了解孩子的感受和想法，而不是父母的感受和想法。我们告诉父母，这个孩子在他们营造的新环境里生活得并不快乐。我们无法告诉他们孩子为什么不快乐，但一定是发生了什么事情才让孩子心生不快。最后，我们遗憾地指出，如果一直没办法得到孩子的喜爱，那么就需要把孩子交给他人收养，否则孩子会一直处于敌对状态。后来，我们听说这个孩子变成了一个性情乖张的人，甚至被当成危险分子。采取温和的手段可能收效甚微，因为男孩并不知道自己变成这样的根源。在我们进一步的追查下，终于找到了症结所在：养父母有亲生的孩子，男孩总认为养父母更爱他们自己的孩子。当然，这还不足以让他一直发脾气，但从那一刻起，他便想要逃离这个家，于是做出了任何能帮助他实现这一愿望的行为。这个男孩会为自己设立目标，这表明他很聪明，我们完全可以就此排除智力问题。过了很长时间，养父母终于意识到问题的根源，认为自己没有办法改变这个孩子的种种行为，于是决定将他送走。

惩罚对这个孩子来说，反而给他的继续叛逆找到了一个好理由，这证实他的叛逆是正确的。这一点恰恰证明我们的观点完全站得住脚，即孩子的错误只能理解为对抗环境的结果，说明他遇到了一种他没有准备好的新情况。尽管这些错误是幼稚的、并不稀奇的，成年人在生活中也有着同样幼稚的表现。

除了口头语言表达，人还有一种很少被人注意到的表达形式，这就是包含手势在内的身体语言的表达。在这方面，没有谁比老师更适合将所有这些表达形式整合成一个方案，并研究它们之间的联系。但必须牢记，同一种表达形式在不同情况下蕴含不同的含义，即使两个孩子做着同样的事情也不意味着它们代表着相同的含义。此外，在相同的心理情境下，问题儿童的表达形式多种多样。原因很简单，仅仅是因为实现某个目标的方法不止一个。

这时，我们很难以常识论对错。孩子犯错，往往是因为他们设立了一个错误的目标，导致实现这个错误目标的行为也是错误的。人性的特点就在于，尽管犯错的可能性数不胜数，但真理往往只有一个。人们经常忽略几种表达形式，但它们其实很重要，如睡觉的姿势。有这样一个案例，一个15岁的男孩时常出现幻觉，常常看到皇帝约瑟夫已经去世，还命令他组建一支军队继续攻打俄国。于是，我们晚上特意去观察他的睡眠情况，发现了一个值得注意的现象：他睡觉的姿势像极了运筹帷幄的拿破仑。第二天再见到他时，他的身姿有几分他睡觉时的模样，很明显他将幻境与现实联系起来了。我们试着与他交谈，想要他相信皇帝还健在。他不想相信，还告诉我们，他经常在咖啡馆招待客人时被人嘲笑个子矮小。当我们询问他谁的走路姿势和他一样时，男孩回答："我的老师，迈尔先生。"我们的思路是正确的，只要将迈尔先生想象成身材矮小的拿破仑，那么男孩的行为便不难解释。更重要的是，这个男孩表示自己想成为一名老师，而迈尔先生正是他最喜欢的老师，他在模仿他的一举一动。简而言之，男孩的睡姿体现了他的生活轨迹。

新的环境对儿童来说是一种考验。如果孩子准备充分，他会自信地面对新的环境；如果孩子准备不足，新的环境会让他紧张，甚至感到无能为力。而无能为力会扭曲他的判断，导致他做出不真实的反应，即不符合新环境所要求的反应，因为它不是基于社会情感的。换句话说，孩子在学校的失败不仅要归咎于学校体系的不足，还与孩子自身的准备情况有关系。

我们必须审视新环境，并不是因为它引导孩子向不好的方向发展，而是它能清晰地表明孩子是否做足了准备。每个新环境对孩子来说都是一种考验。

在这方面，我们可以再次讨论一下问卷调查中的一些要点（附录一）。

第一，孩子从何时起出现问题？我们需要把关注点放在新的情境中。当一位母亲反映她的孩子上学前一切都很好时，那么我们应当清楚这位母亲透露的信息远远不止这些，她的孩子一定是在上学后出现了严重的问题。接着母亲补充道"过去三年"，那么我们必须了解一下三年来孩子所处的环境和他自身状况发生了怎样的变化。

孩子自信心减退的第一个迹象就是表现得无法适应学校生活。孩子可能经历过一次挫败，但没有得到严肃对待，但那次挫败对孩子来说意味着一场灾难。我们必须了解孩子是否因为成绩差而遭受过体罚，还要认识到成绩差与体罚给孩子追求优越感带来的影响。孩子可能就此再也无法相信自己会成功，特别是他的父母习惯性地诋毁他"长大没什么出息"或者"你一定会作奸犯科"之类的。

有的孩子会越挫越勇，有的孩子则会萎靡不振。我们必须对那些灰心丧气的孩子给予鼓励，尤其要采取温和、耐心的手段，宽容以待。越粗暴地对待他们，他们越会遭受打击，越可能放弃努力。

第二，出问题之前，有没有迹象可循？这意味着，孩子在步入新环境前是否有明显的准备不足的迹象？对于这个问题，我们得到的回答也是各种各样的："这孩子一直很邋遢"，这意味着母亲过去为他打理着一切；"他总是很胆小"，这意味着孩子对家庭极度依恋。当用身体孱弱来描述一个孩子时，我们可以假设他天生有生理缺陷，因而被溺爱，或者他可能发育不好而被忽视，抑或是智力不足，即使后来这种状况得到改善，但家里人仍然溺爱他，这种情况也会让他难以应对新环境。如果孩子被形容为"胆小且懒散"，那么我们可以得知他可能是想通过这种方式吸引他人的注意。

学校老师的首要任务是赢得孩子的信任，之后培养他们的勇气。当一个孩子表现得笨手笨脚时，老师的第一反应就是弄清楚他是不是左撇子。如果孩子的笨拙过分夸张，老师应该弄清楚孩子是否完全理解他的性别角色。

在女性环境中长大的男孩，为了避免被其他男孩嘲笑或被当成女孩对待，会尽量不与其他男孩交往。他们自然而然地就扮演了女孩的角色，而后会经历十分激烈的内心矛盾。他们不知道男性和女性之间存在生理差别，因此常常认为性别是可以改变的。但最终他们会意识到身体的构造是无法改变的，为了补偿这一心理落差，他们会向着自己所向往的性别方向发展，如通过服饰和举止做出改变。

有的女孩会厌恶通常被认为毫无价值的女性工作，事实上，这一点也正反映了人类文明存在的缺陷——特定情况下，男性拥有女性所无法享有的特权。其实，男孩比女孩更受欢迎这种状况无论是对男孩还是对女孩来说都十分不利。结果便是，女孩背负着自卑感，而男孩背负着一家人的期望。不过，已经有很多国家对此做出了改善。

我们在这里所关注的是人类整体的心态，而这在孩子身上是有所体现的。有时，让女孩接受她们的女性角色会有些困难，甚至会引发抵抗情绪。这种抵抗经常表现为任性、固执、懒惰，这些都与追求优越感有关。当出现这些症状时，老师必须弄清女孩是否对自己的性别感到不满。

这种对自身性别的不满可能会扩展到其他领域，直到毁掉整个生活。我们有时会听到孩子说渴望生活在一个不分性别的星球上，这种思维如果不加以干预，可能会导致各种荒谬行为，如孩子变得冷漠，甚至走上犯罪的道路。对孩子实施惩罚或缺乏关爱只会加重孩子对性别的不满。

避免这种不幸的最好办法，就是潜移默化地让孩子认识到男女之间的区别，并告诉他们男女具有同等价值。通常情况下，父亲会在家中显示出某种优越感，他可以制定规则，可以决定家中的大小事宜。兄弟姐妹间，往往是兄弟具有更大的优越感，他们的嘲讽和批评会加重女孩对自己性别的不满。不过，心理学家已经发现，男孩的这种行为来自他们自身的软弱。能够做成某事与只是看起来能做成某事是完全不同的。

阻止女孩成功或对女孩取得的成就进行负面批评，都是偏见。但要想改变这种情况也是不易的，因为就连个别母亲也认同男性的先天特权，并将这种思想传递给孩子。她们教导男孩服从，教导女孩顺从。孩子应该早早认识到自己的性别属性，并意识到它是不可改变的。正如我们所说，女孩逐渐对男性权威感到愤怒，以至于长大成人后拒绝接受自己的女性身份，并尽可能地在行为举止上向男性靠拢，个体心理学将其称为"男性抗议"。第二性征发育畸形或发育不全也会促使孩子在长大后对自己的性别产生怀疑。这些观念是根深蒂固的，尤其与天生虚弱的体质特点有关。比如，一个男孩如果长得过于眉清目秀或稚嫩，将比女孩更引人注目，因为男性身上出现这种特征往往被当成具有女性化气质。这显然是不正确的，男孩只是发育未完全，但这足以导致他陷入深深的自卑。

人类还拥有第三性征，也就是性情、脾气和情感。如果一个男孩过于敏感，会被人们视为偏向女性化，而沉着、自信的女孩会被认为太过男性化。其实，这些特征均不是与生俱来的，而是后天形成的。具有这些特征的人自有记忆以来，他们就已经这样了，成年人也说他们在童年时期就表现得与众不同。他们个性内向，行为举止有些特别，后来他们按照自己对性别的理解长大成人。问卷中涉及性发育和性经验的问题，这意味着孩子到了一定年龄需要对性有一定的了解。我认为，至少90%的孩子在父母或教育者向他们解释与性有关的事宜前已经有所了解了。在性教育方面，并没有严格的界定，因为很难判断孩子能接受到怎样的程度，或者会不会相信这样的解释，以及这种解释会对其造成怎样的影响。一旦孩子问起，应该仔细考虑孩子当时的状态，再适当解释。我们不提倡过早地解释，尽管它可能不一定有害。

问卷还涉及一个棘手的问题，即养子或继子的问题。这两类孩子往往会理所应当地认为自己应该得到优待，一旦得不到就会埋怨他们特殊的家庭地位。失去母亲的孩子会十分依恋自己的父亲，但若父亲再婚了，他就会认为自己被新的家庭排除在外了，并拒绝和继母和睦相处。还有一种有趣的情况，即有的孩子会把亲父母当成继父母，以此诉说对亲父母的不满。在一些童话故事中，继父母总是被刻画成声名狼藉的恶人形象，因此，童话故事不一定是最好的儿童读物。当然，家长也不必禁止儿童阅读童话故事，童话故事中也有很多值得学习的东西。当然，有必要对那些残忍的或扭曲的幻想故事加以纠正或改写。有的童话故事偏向于把男性描述为强壮却粗暴残忍的人，以此来培养男孩刚强的意志，避免男孩形成柔软的性格。这是一个根源于英雄崇拜的错误观念，会让男孩以为表现出同情心是不阳刚的，更难以理解什么叫铁汉柔情。事实上，如果铁汉柔情不被滥用，它当是一种很有价值的情感，但反过来说，又有哪一种情感能逃得出被滥用的可能呢？

非婚生子女的处境也极其困难。不言而喻，让孩子背负非婚生的污名而男人逍遥法外是不对的。受伤最深的，显然是无辜的孩子。无论得到怎样的帮助，这样的孩子都很难摆脱痛苦，因为他们生活的环境无一不在告诉他们，他们的出生本就不正常。他们遭受同伴蔑视，甚至一些权利不受法律保护，这让他们变得极为敏感，经常发脾气，并敌视整个世界。这就不难理解为何问题儿童多出自孤儿和非婚生子女了。我们无法将这些非婚生孩子的反社会倾向归因于天性或遗传。

第九章

儿童在学校的表现

前文已述，孩子一旦进入学校，就会发现自己处于一个全新的环境。和所有新环境一样，学校对孩子来说也是一种考验。如果孩子接受过适当的训练，他将顺利通过这一考验；如果没有，则会暴露出种种问题。

我们很少记录孩子在进入幼儿园和小学时的心理准备情况，但如果我们有此记录，一定会对了解孩子成年后的行为大有裨益。这种来自"新环境的考验"比普通的学业成绩测试更具启发意义。

孩子进入学校后需要做什么？当孩子刚进入学校时，他们需要与老师和同学合作，并对不同学科产生兴趣。这可以看作一项任务。孩子会对新环境做出各种反应，我们可以通过观察他们的合作能力和兴趣进行评估。孩子对哪些学科感兴趣，是否对别人说的话感兴趣，是否对其他事情感兴趣，可以通过观察孩子的态度、姿势、表情，以及他们与老师的互动来了解。

这些细节都会影响一个人的心理发展，我们可以通过一个特定案例来说明。一个男人饱受职业困扰而找到心理咨询师。心理咨询师在帮助男人回顾童年时发现，他在一个身边都是姐姐的家庭中长大，而他的父母在他出生后不久就去世了。到了上学的年纪，他竟然不知道应该报读男校还是女校。在姐姐们的劝说下，他进入女校，结果很快就被开除了。我们可以想象一下，这一定会给男孩留下难以愈合的心理创伤。

对老师喜欢与否，往往在很大程度上决定着孩子对学科的专注度。让学生将注意力放在学业上，是老师的本职工作，也考验着老师的技能。一些孩子初入学校时很难集中注意力，他们通常是被溺爱的孩子，很难适应身边出现的众多陌生面孔。如果老师较严厉，孩子就会表现得记忆力差一些，但又与普通的记性差不尽相同。被老师指责为记忆力差的孩子，往往能记住很多与学业无关的事。这意味着，这类孩子只专注于自己是否得到了宠爱，对学业毫不关心。

如果这样的孩子在学校表现不佳，并受到了老师的批评，考试也不及格，那么再多的批评和责备都无济于事。批评和指责不会改变他们的生活方式，相反，会让他们相信自己不适合学校生活，并且对学习产生悲观的态度。

值得注意的是，被溺爱的孩子一旦被老师感化，通常会成为很优秀的学生。他们可以在有利于自己的情况下努力学习，不幸的是，我们无法保证所有这样的孩子都能在学校得到溺爱。如果给孩子换学校或换老师，甚至如果他在某一科目上没有进步，就会突然停滞不前，不再继续努力，因为一切来得太容易了。他从不知道什么叫奋发图强，更不知道如何奋发图强；他没有耐心去面对困难，更没有决心通过努力获得进步。

这就是我们为什么要讨论必须做好充分的入学准备。如果孩子准备不充分，母亲负有一定的责任。在激发孩子的兴趣、引导他们朝着正确的方向发展方面，母亲几乎可以说是孩子的第一任老师。如果母亲没有扮演好这个角色，孩子就可能在上学后出现问题。除母亲外，父亲、兄弟姐妹之间的互动也会对孩子产生影响。此外，家庭之外的一些因素也会产生影响作用，如不良的社会环境和偏见，这方面内容将在下一章详细探讨。

总之，考虑到导致孩子入学准备不足的因素如此之多，我们认为仅仅将孩子的学习成绩作为评判标准是不够明智的。我们可以将孩子的成绩视为一种能说明孩子心理状态的反馈。孩子得到多少分不重要，重要的是这个分数反映了孩子的智力、兴趣和专注力等情况。尽管学业成绩测试与智力测试在结构和内容上存在较大差别，但它们都应该将重点放在揭示孩子的思维方式和心理发展状态上，而不是看孩子死记硬背了多少东西。

不可否认，智力测试有时确实能揭示普通测试所不能揭示的东西，甚至有时智力测试能拯救一个孩子。例如，当某个孩子被学校评为成绩差、需要留级时，而智力测试显示这个孩子有着很高的智商，他不应该被留级而应该跳级。孩子由此获得了成就感，从此改头换面。

我们不是在贬低智力测试的价值，只是想强调，如果必须给孩子测试，那么不应该让孩子得知测试的结果，因为父母和孩子都不知道智力测试的真正价值，只会认为它代表了最终的和最权威的观点，甚至能指示孩子的命运。事实上，将智力测试的结果视为绝对结论一直备受批评，在智力测试中取得高分的，日后并不一定会成功，反而很多获得成功的成年人，并没有在智力测试中取得好成绩。

个体心理学家的经验表明，智力测试是有窍门可循的，只要找对了方法，就能让孩子在智力测试中取得高分。其中一种方法是让孩子一直做特定类型的智力测试，直到他找到正确的窍门，或者为测试做好充分的准备。通过这种方法，孩子便可以逐步积累经验，以便在随后的测试中取得更好的成绩。

还有一个重要问题需要探讨，即繁重的学业是否会让孩子感到窒息？我们提出这一问题并不是在质疑学校规划的科目，也不是在有意提醒学校应当减少科目的数量。重点是，学校应当在教授课程时保持连贯性，并让孩子看到他们所学科目的目的和真实价值，而不是单纯将其当成抽象的理论。老师的教学重点应该放在教授课程上还是培养孩子的个性上这一问题仍存在较大争议。个体心理学给出的答案是可以将两者结合起来。

教学科目应该结合实际，有趣不枯燥。比如，可以把算术、几何与建筑学结合起来，讲述建筑的风格、结构和可以容纳的人数。有些科目甚至可以联合教授，在一些学校中，就有将科目相互关联教授的专家。他们会和孩子打成一片，与孩子一起散步，试图发现他们对哪些科目更感兴趣。他们会将教学内容结合起来，如将对植物的介绍与植物的历史、所处国家的气候结合起来。通过这种方式，本来无法引起孩子兴趣的科目也变得有趣起来，还有利于孩子学会综合看待事物的方法，而这正是教育的最终目的。

教育者不得不面临这样一个情况，即在校生总是不自觉地将自己卷入一场个人竞争中，这一点很重要，必须引起重视。理想的学校环境应该是把班级当成一个小集体，每个孩子都是这个集体的一部分。老师应该把孩子的竞争心和野心控制在一定范围内。孩子的天性是讨厌被超越，因此会不遗余力地超越竞争对手，但也很容易陷入另一个极端，就是心灰意懒。这时，就体现出老师的指导和干预作用了——适当地将孩子的精力从竞争转向合作。

在这方面，在班级中实行自治制度是有帮助的。实施这种制度不必征求孩子的同意，但这需要孩子参与其中。如果孩子在毫无准备的情况下实现了自治，会发现他们的惩罚手段往往比老师的惩罚手段更严厉，有的甚至会以权谋私，并以此获得优越感。

至于评价孩子在学校取得的进步，我们必须综合考虑老师的观点和孩子的意见。有趣的是，孩子往往具有惊人的判断力，他们知道谁擅长拼写，谁擅长绘画，谁体育最好。这种评价十分准确，虽然有时也会出现不公的评价，但一旦意识到这一点，他们会努力做出改正。在做这种评价时，孩子面临的最大问题往往是太过谦虚。很多人表示"自己远不如他人"，这种观点是错误的。每一个人都可以通过努力实现超越。对于这种错误判断，老师必须适时指出，否则将会贯穿孩子的一生。

大多数学生处在同一水平线上：要么是最优秀的，要么是最差的，要么是平均水平，而且长久保持不变。这种情况并不能反映智力发展水平，只能反映心理的惰性。这表明孩子自我设限了，在几次考核后不再保持乐观的态度。但偶尔也会发生极大的波动，这表明孩子的智力水平不是由先天决定的。孩子应该明白这个道理，并应用于自身的学习中。

我们不应该把孩子的成就归因于遗传。这是一个普遍存在的误解，即过分相信遗传在成就中的作用。个体心理学认为这只是一种乐观的猜测，缺乏科学依据，但越来越多的心理学家和精神科医生开始接受这个观点了。父母、老师和孩子在面对困难时，也常常将问题归咎于遗传，以期推卸责任。但我们不能逃避责任，我们必须对那些试图让我们摆脱责任的观点保持怀疑。

任何一个相信自己的工作有价值、相信教育能培养人的品格的教育工作者，都无法接受遗传理论。这无关身体上的遗传，因为确实存在生理缺陷甚至机体能力方面的遗传差异，但是没有人能证明生理功能与心智能力之间也存在必然联系。个体心理学认为，心智在感受到器官所拥有的能力时，一定会考虑实际的人体机能。有时，大脑可能会高估人体的机能，那么它就会对某种生理缺陷感到恐惧，而这种恐惧即便在缺陷已经消除后依然会保留很长时间。

人们总是喜欢追根溯源、刨根问底。但是，在评估个人成就时使用这种观点（遗传理论）非常误导人。这种观点的错误是忽视了我们有众多的祖先，即在我们庞大的家谱中，每一代都分为父系和母系两支亲族，如果我们往上追溯五代，就需要考虑几十位祖先，而在几十位祖先中，不难找出一个聪明能干的人；如果我们往上追溯十代，就会有上千位祖先，那么毫无疑问，我们也一定不难在其中找到一个甚至几个非常有才能的人。然而，不容忽视的问题是，家族中出类拔萃的祖先给子孙留下来的光荣传统与遗传的影响有着几乎相同的作用。因此，我们可以理解为什么有的家族能比其他家族产生更多有才能的人。这不是遗传的功劳，而是家族流传下来的优良作风的作用。这很好理解，我们只需回顾欧洲过去的情形就能有所了解，看看有多少人在子承父业。如果我们忽略社会制度的作用，那么遗传的作用可能确实会具有可怕的说服力。

除遗传之外，还能对孩子造成困扰的便是由成绩带来的惩罚。如果孩子学习成绩不好，很快就会发现老师不太喜欢他。这本来就令人沮丧，回到家后又会继续遭到父母的批评、打骂。

老师应该清楚一张糟糕的成绩单会给孩子带去怎样的不良后果。有的老师认为，强迫孩子把成绩单带回家给父母看，能促使孩子更努力学习，但他忽略了一些特殊家庭情况的存在。有些家庭的教育相当严格，甚至是残酷的，这些家庭的孩子往往犹豫再三还是不敢把成绩单带回家中，最终的结果就是自己也不敢回家，甚至做出极端行为，把自己逼上绝路。

老师没有义务对学校的制度负责，但完全有可能也有条件用自己的同情和理解缓解学校制度中无情的一面。比如，有的学生的家庭环境确实特殊，老师可以对这样的学生宽容一些，多鼓励他们，而不是把他们推向绝路。如果有的学生的考试成绩总是垫底，并不断因此受到别人的指责，那他的心情该多么压抑啊。不妨站在这个孩子的角度想一下，也许就能理解他为什么讨厌上学了。孩子总是处在一个成绩不好、经常受到批评的环境里，一定会对这个地方心生厌恶，同时会失去进取心，只想着尽快逃离。所以，在这样的孩子身上发生逃课的现象也就不足为奇了。

理解归理解，这种现象必须引起重视。教育者应该意识到，如果处于青春期的学生出现了逃学现象，这常常是一个不好的兆头。这种孩子十分聪明，为了免受惩罚，会伪造成绩单、逃学等。接着，他们还会靠近那些与他们有着相同经历的人，拉帮结派，甚至走上犯罪的道路。

个体心理学认为没有不可救药的孩子，如果你接受这一点，那就没有什么问题是不能解决的。教育者必须坚信，总能找到办法来帮助一个误入迷途的孩子，即使在最糟糕的情况下，这个孩子也不是无可救药的。

留级可不是一个好办法，它带来的不良后果是众所周知的。学生留级会给学校和家庭带来双重麻烦，虽然也有例外情况，但那毕竟是少数。大部分的留级生依然会重复自己的问题，或者说他们身上的问题从未得到过真正解决。

什么情况可以安排学生留级，这个问题让很多老师感到为难，为此他们只好避免让每一个学生留级。老师会利用假期对孩子进行辅导，帮助他们找到错误并加以纠正，以便顺利进入下一个学年。如果学校设有专门的辅导老师，可以大力推行这种方式。

德国就没有辅导老师，似乎也不需要这类老师。公立学校的老师只要工作认真负责，就能比其他人更了解学生的实际情况。当然，有人对此提出怀疑，认为公立学校的班级人数过多，老师不可能对每一个孩子都了如指掌。但如果老师从孩子一入学就开始仔细观察他们，很快就会了解到这些孩子的生活方式，从而避免许多问题，哪怕人数再多，这一点儿也不难做到。对孩子有一个全面的了解，才能更好地教育他们。班级人数过多绝非一件好事，应尽量避免，但也不是无法克服的。

老师不应该每年更换，更不应该半年更换一次，最好能从新生入学便跟随班级一起步入新学年。如果同一位老师能与同一批学生相伴三四年，那么老师必然能更深入地了解学生，能对存在于学生身上的错误更好地加以纠正。

跳级也是一个存在争议的情况，目前我们还无法断定它是否对学生有利。跳级往往伴随着家长和教师的高期望，但学生是否能达到这种高期望还很难说。或许较大年龄且成绩特别突出的学生，可以考虑跳级；还有成绩不好但通过努力取得了优异成绩的学生也可以考虑跳级。不过，应该注意的是，老师不应该把跳级当成一种奖励手段，不能因为学生成绩优异或者知识面更广就奖励学生跳级。与其跳级，不如让这些孩子涉猎更多的课外兴趣，如绘画、音乐等。这种方式不但对他们有益，还能激励其他同学，对整个班集体都大有裨益。将成绩优异的学生从班级中调离也不一定是好事，有的人说，这是在为优等生提供更广阔的发展空间，但我不敢苟同。我更相信，成绩优异的孩子往往能推动整个班级的进步。

有趣的是，过去，个别学校会设立快慢班，但不难发现，快班里也有不少学困生，而慢班里也并不全是学困生。但有一个现象值得注意，即慢班的学生更多的是来自贫困家庭的孩子，为什么会这样？因为贫困家庭的孩子往往没有做好充分的入学准备。贫困家庭的父母工作忙碌，没有办法花太多时间和精力关注孩子的学业，或者他们本身的学历就不够高。这些缺乏心理准备的孩子不应该被草率地划到慢班里。在孩子心中，被划到慢班是一件不光彩的事，会遭到其他孩子的嘲笑。

要想更好地照顾这样的孩子，最好的方法是向家庭教师求助。除了家教，还可以参加课外辅导班，孩子可以在那里接受额外的辅导。通过这种方式，孩子可以锻炼勇气，而在慢班中，他们收到更多的是挫败感。如果再给辅导班配备游乐场，这些孩子就可以彻底远离街头，免遭不良社会风气影响了。

在教育领域，人们一直探讨男女同校究竟是有利还是有弊。有人认为，男女同校有助于增进女孩和男孩之间的了解，但就此认为男女同校可以解决所有问题就大错特错了。它也可能会带来一些特殊问题，如女孩在 16 岁之前通常比男孩发育得更快。男孩意识不到这一生理发育上的差距，只知道女孩在某些方面似乎进步得很快，并为此感到心理失衡，与女孩暗自较量。无论是学校管理层还是班级老师，都必须认识到这一现实问题。

支持男女同校，并了解其中利害关系的老师，无疑可以成功实现男女同校。但不支持男女同校的老师会把男女同校当成心理负担，结果造成最终的失败。

如果没有针对男女同校制定出妥善的管理制度，如果孩子没有得到正确的引导和监督，那么必然会出现问题。这里不得不指出的是，学校的性教育工作很难展开。事实上，学校并不是最佳的传授性知识的场所，因为老师无法确定当他在全班学生面前讲解性知识时，学生能否接受和理解他所讲述的内容。如果学生私下向老师询问，情况就不同了。

前文或多或少地讨论到过有关教育管理方面的内容，现在我们回到教育的核心问题，即通过了解孩子的兴趣爱好和特长，找出对其施展教育的方法，也就是因材施教的问题。教育和人生的其他方面一样，在一方面获得的成功往往能引发更多方面的成功。也就是说，如果孩子在自己感兴趣的领域率先取得了成功，那么他一定会受到激励，从而尝试在其他领域也获得成功。老师要学会利用孩子当前取得的成功激励他去探索更多的领域。学生对此并不自知，就像我们从无知跨入知识领域时难免会感到困惑一样，学生急需帮助，唯有老师可以施以援手，如果老师的方法正确，学生便能很快找到重点，并积极配合。

除提供上述帮助之外，老师还需要了解学生最喜欢使用哪个感官，或者说哪种类型的感觉最让学生着迷。有的学生擅长观察，有的学生听觉能力更强，有的学生擅长运动，等等。近年涌现出的很多手工学校，就成功地将学科与眼、耳、手的感官训练正确结合起来了。这些学校的成功表明了开发孩子感官兴趣的重要性。

如果老师发现某个学生善用眼睛，那么他应该明白，这个学生在需要细致观察的科目中会显示出优势来，如地理。对这个学生来说，观察比听讲更有效。这是老师对特定孩子进行细致观察后得到的一项结论，事实上，老师在初次看到孩子时，还能获得一些其他类似的结论。

总之，老师是一项神圣而光荣的职业。老师负责养育孩子的心灵，而孩子又关乎人类的未来。

然而，仅仅构建教育理想是不够的，重要的是如何才能把理想变为现实。这就需要找到一种方法。很久之前，我在维也纳时就已经开始寻找实现教育理想的方法了，这个办法就是在学校建立咨询所。

建立咨询所的目的是将现代心理学知识运用于教育系统。一位懂得心理学、了解老师和家长生活背景的心理学家可以与老师在咨询所展开合作。老师负责提出自己遇到的关于问题儿童的特殊案例，包括懒惰的孩子、调皮捣乱的孩子等。然后心理学家分享他们的经验，接着讨论这些问题儿童背后的根源是什么、什么时候出现问题的、应该采取怎样的措施、孩子的家庭生活和心理发展路径是怎样的，老师和心理学家可就如何处理某个特定孩子的问题达成共识。

在下一次讨论中，要把问题儿童和他的母亲一并邀请来。在确定解决方案之前，心理学家应当先和母亲交流情况，先向母亲解释她的孩子为何会出现问题，再由母亲详细讲述她所了解到的孩子的情况，然后双方展开探讨。通常，母亲十分乐意有专业人士关注她孩子的问题，也非常愿意配合工作。如果母亲充满抵抗情绪或态度较差，老师或心理学家一般会向她介绍一些类似的案例或其他母亲的情况，直到她的抵抗情绪得到缓解。

最终，一旦解决方案达成一致，就可以邀请孩子与心理学家交谈，但交谈的内容无关他的错误。心理学家会以孩子能理解的方式客观剖析孩子遇到的各种问题的根源和背后的思维模式，包括揭示为什么他会感到自己屡屡受挫而其他孩子备受欢迎，他又是怎样逐步丧失希望的，等等。

这类咨询方法已经实行了十多年时间，接受过有关训练的老师都感到满意，丝毫不会考虑放弃已经坚持了许多年的这项工作。

在这项工作中受益最大的是孩子：最初被定义为问题儿童的孩子已经步入正轨——学会了合作、具备了勇气。没有尝试过心理咨询的孩子也受益匪浅。当班上某个学生出现某些心理问题（如懒惰）时，老师便会提议让所有学生参与讨论。老师只负责引导，把充分的表达机会留给学生。于是，学生会认真地分析问题的原因，而后得出一些结论。从头到尾，老师都不会指出那个懒惰的学生是谁，而他也不知道自己正是被讨论的那一个，但他能从讨论中学到很多东西。

　　由此，我们可以看到教师和心理学家合作的潜力。要引导孩子的思想朝着正确的方向发展，就需要了解他们的心理运作方式。只有了解孩子的心理运作方式的老师，才能利用他们的知识引导孩子朝着更高更远的目标发展。

第十章

外界环境对儿童成长的影响

个体心理学所讨论的范围十分宽广，在探讨心理和教育方面的影响因素时，自然不会忽视"外部环境的影响"。过去所流行的内省心理学就显得过于狭隘了。为了重拾它所忽略的事实，德国心理学家冯特认为有必要创造一门新的学科，这就是社会心理学。而个体心理学则没有这个必要，因为它既关注个体又关注社会，它从不止将注意力集中在个体心智上，而忽略激发心智的外部环境；也从不止将注意力集中在外部环境上，而轻视特定心智的意义。

　　任何教育者都不应把自己当作孩子唯一的施教者，因为外部环境的影响总是在不经意间汹涌而至，冲击着孩子的心灵，抑或说，外部环境可能会先影响和塑造父母的心理，再由父母将这种外部环境施加的影响转移到孩子身上，这是无法避免的，所以我们必须将外部环境纳入心理学的考量范围。

　　教育者首先不能不考虑经济状况对儿童造成的影响。例如，有的家庭世代生活艰辛，这种在苦难中的挣扎必然会让这种家庭的成员带有一种苦大仇深的处世心态，每天因生活窘迫而惊慌失措，无法教育孩子以一种健康的心态去与人合作，很难培养孩子的合作意识。

此外，长期的经济窘迫必然会降低父母和孩子的生活质量，而这将直接影响他们的心理健康，这一点必须被考虑在内。我们可以观察战后出生的孩子们，将不难发现，这一代人的成长环境比之前几代人更加艰难。除了经济环境外，父母对生理卫生的无知也是一个重要的影响因素，然而越无知，越胆怯，越溺爱。这类父母总是想通过溺爱或纵容来弥补孩子，不想让孩子吃一点苦，但在真正照顾孩子时又总是疏忽大意。比如，当孩子在成长过程中出现脊柱侧弯的情况时，这类父母总是认为随着年龄的增长，这种问题会自行消退，于是没有及时带孩子就医。这当然是不对的，尤其是现在的城市医疗服务已经发展得十分完善了。孩子身上出现的任何不良状况，如果得不到及时纠正，都可能导致更严重、更危险的病症，甚至孩子会因此留下心理创伤。任何生理疾病在心理学上都是一种能引发心理问题的"隐蔽的角落"，应尽量避免。

我们可以通过培养孩子的勇气和社会情感，帮助孩子避免陷入这种危险的境遇或者弱化他们的心理问题。事实上，越是缺乏社会情感的儿童越容易受到心理疾病的侵害。在生理疾病面前，始终觉得自己是社会一分子的孩子，绝不会像在溺爱的环境中长大的孩子那样脆弱。

　　过往病例显示，儿童在患百日咳、脑炎、舞蹈症等疾病后，出现心理问题的概率会变大。人们通常会以为，这些疾病是造成儿童心理问题的导火索，但实际上，它们只是暴露了孩子内心潜藏着的心理缺陷。孩子在病中发现自己拥有了左右家人的力量，从父母惊恐、焦虑的表情，他知道父母是在为他担忧，于是病好后，孩子会想方设法地继续成为父母关注的焦点，甚至摆布父母。不过，这种情形只发生在缺乏社会情感，单纯想要利用生理疾病体验优越感的孩子身上。

　　不过，有趣的是，生理疾病也有可能成为改善孩子性格的契机。这里有一个合适的案例，可对此加以说明。一名教师有两个儿子，小儿子经常出现各种问题，令教师很头痛。他在班上成绩很差，还经常离家出走。有一天，百般无奈的教师在准备送男孩去少管所时，发现他患有髋部结核病。这是一种需要父母长期照料的疾病，当男孩在父母的悉心照顾下康复后，他性情大变，成为家中最听话乖巧的孩子。从这一案例可以看出，一直以来，男孩所需要的只是父母的额外关注，我们进而可以推断，他之前所表现出来的种种恶迹，均是因为在他之上有一个优秀又乖巧的哥哥。他没有办法像哥哥那样受到父母的称赞，便只好寻找另一种途径引起父母的关注。突如其来的疾病让他确信，原来他也可以像哥哥一样获得父母的赞赏和关注，于是病好后他一改常态，开始向好的方向发展。

　　关于生理疾病的问题，我们还应注意，孩子们往往对自己患病期间的经历记忆犹新。突然罹患重疾，甚至遭受死亡威胁时，孩子一定为此震惊，并感到手足无措，因此会在心底留下难以磨灭的印象，而这种印象也许会在今后的生活中有所显现。比如，很多孩子由此对疾病和死亡产生了浓厚的兴趣。在这些孩子中，有的能正确利用对疾病和死亡的兴趣，成为医生或护士；也有很多孩子对疾病和死亡充满了恐惧，这对他们的人生造成很大的困扰，甚至使他们无法正常生活工作。在对100多个女性的调查问卷中，我们发现有将近50%的人承认自己生活中最大的恐惧就是对疾病和死亡的恐惧。

父母应该注意，不要让疾病给孩子留下太多的童年阴影，为此应该帮助孩子做好心理准备，避免他们因疾病的到来而遭受打击。父母有责任让孩子知道，虽然生命有限，但每个生命都值得珍惜。

童年生活中还存在另一个危险而"隐蔽的角落"，就是与陌生人、家人的熟人或父母的朋友接触。这些人看起来和蔼可亲，但他们并不一定都对孩子感兴趣或真正关心孩子，因此在与这些人的短暂接触中，孩子很可能会被他们的一些行为所误导。比如，他们时常夸奖孩子，孩子于是变得目中无人。由于接触的时间短，这些人总是十分纵容孩子，从而不利于施展正规的教育。父母应当避免这种状况，当然更不能让毫不相干的陌生人干涉家庭教育。有些陌生人在搞不清楚孩子性别的前提下，就草率地夸奖孩子"真漂亮""真帅气"等，对此，父母也应该尽量避免，下一章我们会深入讨论这个问题。

家庭环境对孩子的成长非常重要，因为它往往能表明家庭参与社会生活的程度。换句话说，家庭环境给孩子留下了有关合作的第一印象。在一个孤立的家庭环境中长大的孩子，往往会在家庭成员和家庭以外的人之间画上一条鲜明的界限。他们觉得家和外部世界之间存在一道难以逾越的鸿沟，而外部世界是敌对的一方。由于缺少社会参与，这样的家庭培养出来的孩子大多性格多疑，只关注自己，不利于他们的社会意识的发展。

3岁的孩子已经完全可以与其他孩子一起玩耍了，不应该惧怕陌生人，否则孩子容易变得扭捏、害羞，对他人心生敌意。一般来说，这种特征常见于被溺爱的孩子，他们总试图"排挤"其他人。

父母如果能较早地纠正这些问题，可以让孩子少走很多弯路。如果一个孩子在三四岁前就得到了良好的社会情感方面的训练，形成了集体意识，懂得与人合作，那么他们很少会发展出羞怯和自私的性格，更不会患上各类神经症乃至精神错乱。

谈到家庭环境，我们不得不关注一下由于经济状况的变化而引发的各种问题。

情况一：假设一个家庭在孩子很小的时候十分富裕，后来经济拮据，孩子的生活条件越来越差。这种情况十分不利于被溺爱的孩子的成长，因为他们从来没有做好应对这种巨大落差的心理准备。他们很可能会开始沉溺于对过去富裕生活的回忆，然后变得怨天尤人。

情况二：如果一个家庭一夜暴富，同样不利于孩子的心理发展。通常在这种情况下，父母没有充足的心理准备正确应对这笔财富，因此无法为孩子树立起正确的金钱观。面对突如其来的财富，父母可能只想用金钱弥补之前对孩子的亏欠，于是开始纵容和溺爱他们，将勤劳、节俭等美德抛诸脑后，而这往往是导致这类家庭多出问题儿童的原因，"纨绔子弟"就是最好的例子。

　　这个问题不是不可以避免，比如，培养孩子的合作意识。然而，以上两种情况都能让孩子轻松逃避树立合作意识的机会，所以我们必须保持警惕。

　　不仅物质条件剧烈变动会影响孩子，精神环境的异常也常常阻碍孩子正常的心理发展。这里精神环境的异常指的是源自家庭内部的一些心理偏见。比如，父亲或母亲做了有违社会道德的事，孩子无法忍受来自他人的道德审判而受到伤害。在这种不良的精神环境下，孩子对未来充满了恐惧，他们不愿意社交，害怕被人发现有这样不光彩的父母。

　　父母不光需要为孩子提供读书、写字的机会，还要为他们提供一个健康和谐的心理环境，不让孩子比他们的同龄人承受更沉重的心理压力。假如父亲是一个酗酒者，或者假如他脾气暴躁，那么孩子都会受到一定程度的影响。倘若再加上父母婚姻不幸，家里经常吵架，那么孩子的处境无疑会雪上加霜。

　　这些童年阴影很可能会伴随孩子一生，但接受过合作训练的孩子往往可以避免童年阴影带来的负面影响。问题是，早年种种糟糕的境遇恰恰阻碍了孩子从父母那里获得合作训练的机会。正是为了解决这一问题，近几年各种各样的校内儿童心理咨询室才会不断涌现。既然父母由于各种原因无法完成自己的任务，那么只好由学校的心理专家代劳，以帮助孩子走向健康的生活。

偏见几乎无处不在，除个人情况外，还有围绕国籍、种族、宗教问题而产生的偏见。其实，这些偏见不但会给那些受辱的孩子造成心理负担，也会对施予偏见的人产生负面影响。偏见的施予者在羞辱别人的过程中越来越傲慢自大，认为自己拥有绝对的优越感，足以享有属于自己的特权，但当他们试图这么做时，结果却是失败的。

民族或种族之间的偏见往往被当作爆发战争的根源，人类文明要想进步，就必须消除偏见。教师有义务向学生揭示战争的真实面貌，而不应让孩子通过舞刀弄枪追求优越感，这不是人类文明应该提倡的。许多男孩因为童年时期参加过一段时间的军事教育而立志参军，但还有更多的孩子在童年时期因为战争游戏而留下心理创伤，处处争强好斗，不知怎样与人和平相处。

在需要给孩子送礼物的特别节日里，父母应当谨慎地挑选礼物，不要送给孩子刀、枪之类的玩具，以及一切崇拜战斗英雄的游戏和书籍。

其实可选择的玩具有很多，父母需要坚持的唯一原则是应选择能激发孩子社会情感和创造力的玩具。比如，让孩子动手操作的益智游戏比单纯让孩子抚摸的玩偶更有启发意义。顺便提一下，我们还应该教导孩子把动物看作人类的伙伴，而不是把玩具或游戏当成伙伴。孩子不应对动物充满恐惧，更不应该控制或虐待小动物。一旦孩子表现出这种倾向，我们有理由怀疑孩子的内心极度渴望控制他人和欺凌弱者。当家里养有小猫、小狗、小鸟等小动物时，我们应该教导孩子小动物与人一样是有感情，能感知到痛苦的。孩子与小动物建立起适当的伙伴关系的过程，就是孩子最初培养社会情感的最佳途径之一。

在孩子的成长环境中，除父母外的亲人也扮演着重要的角色。其中最重要的要数祖父母。我们必须带着一种客观的态度去审视祖父母的处境，因为在我们当前的文化中，他们的处境多少带有些悲剧色彩。慢慢步入老年后，他们本应该拥有更多的发展空间，培养出更多的兴趣爱好，但遗憾的是，我们身边的老年人并不是这样的，他们像不时兴的陈年旧物一样被丢弃在角落里。其实如果给他们更多的工作机会，他们完全可以取得更多的成就，老年生活也会因此变得幸福得多，所以，我们不该让六七十岁，甚至80岁的人退休。继续工作要比让他们重新规划人生路径要容易得多，但由于以往错误的理念，我们把很多仍旧充满活力的老人丢弃在了一边。我们不再给他们持续自我表现的机会，结果呢？对孩子的祖父母犯下的错误反噬到了孩子身上。祖父母为了证明自己还有价值，于是竭尽全力地干涉孙辈的教育，并且过度溺爱孩子。

我们必须予以体谅，这些慈祥的老人并无恶意。他们应该有更多的机会去丰富自己的生活，但我们也要让他们明白，最好的教育方式就是让孩子独立成长为人，而不是成为他们打发百无聊赖的生活的玩物，更不应该让孩子陷入家庭纷争中。如果老人和父母围绕孩子的问题发生争论，不管哪一方赢，都不要试图将孩子牵扯进来。

从理疗记录来看，很多孩子的心理疾病源自祖父母的溺爱，可见祖父母对孩子成长的影响力有多大。这种溺爱要么出于单纯的宠爱，要么来源于与其他家庭对比而产生的攀比心和嫉妒心。许多孩子骄傲地认为自己是祖父母的心头肉，如果不是，他们还会为此伤心。

对孩子的成长有较大影响力的亲戚还有堂兄弟姐妹和表兄弟姐妹。在有些孩子看来，他们的父母似乎总认为这些兄弟姐妹比他们自己更聪明、更漂亮，于是孩子很容易把兄弟姐妹当成大麻烦。假如孩子已经有了充分的自信心和社会情感，他们很容易明白，父母口中的"聪明"是完全可以通过训练实现的，那么他们就会想办法超越聪明的表亲。但如果他们始终坚信，聪明是与生俱来的，那么他们会为此陷入自卑，觉得命运不公，进而影响整个人生的发展。而"美丽"本来就是一种与生俱来的东西，只不过我们的文明过分高估它的价值了，所以当孩子有一个长相美丽的表亲时，我们需要观察孩子是否会因此饱受痛苦，甚至走上弯路。这种容貌焦虑，即使过了20年，仍然不会消失。

对抗容貌焦虑的唯一办法就是让孩子认识到健康和与人相处的能力比美丽的外表更重要。不可否认，美丽是有一定价值的，仅就外貌而言，长得美的人比长得丑的人更有魅力，但从理性角度来讲，它尚不足以作为一种价值观被过度追捧，罪犯中既有长相英俊的人，也有长相丑陋的人。为什么有些相貌堂堂的人也会走上犯罪的道路？也许可以这样解释，他们对自己的长相相当自信，认为可以凭借这一优势不劳而获，因此从来不想着培养自己的生存能力。正如诗人维吉尔所说："通往地狱的下坡路是最省力的。"

给孩子看的课外读物，也有必要谈一谈。什么样的书适合给孩子看？应该怎样理解童话故事？如何向他们阐释《圣经》？回答这些问题的关键在于我们通常忽视这样一个事实，那就是孩子总是以与成年人完全不同的方式理解事物，而且每个孩子都会根据自己特定的兴趣领域理解事物。如果他是一个胆小的孩子，他会喜欢读《圣经》和童话故事中和他一样怯懦之人的故事，并时刻感到自己身处危险之中。成年人需要点评和解释童话和《圣经》里的段落，这样孩子才能理解它所要表达的意义，而不是靠他主观臆想。

童话故事书籍几乎是最引人入胜的，哪怕成年人也能从中受益，但有一点需要注意，那就是童话故事的创作时代和背景。孩子们很难理解其中的时代差异和文化差异，在读一则与他们创作年代不相符的童话故事时，他们不会去考虑观念上的差异性。比如，不少童话故事中会有一位受到人格美化的王子，但我们必须让孩子知道，这些都是虚构的故事，其中的王子是在过去君权年代基础上杜撰出的理想化的人物。再如魔法，要让孩子知道世上没有神奇的魔法，否则孩子们可能会认为只要寻找捷径就能解决任何难题。曾经就有一个 12 岁的男孩，当有人问他将来的理想是什么时，他回答："我想成为一名魔法师！"不过，父母如果将故事解释得当，完全可以拓展孩子的视野，开发孩子的想象力，培养他们的社会情感。

再来说说电影，带一个 1 岁大的孩子去看电影毫无问题，但孩子再大一点，可能就会误解电影内容，哪怕观看童话剧也有这种危险。比如，一个 4 岁的小孩在观看完童话剧表演后，一直坚信世界上有个邪恶的女人在卖毒苹果。许多孩子很难正确地理解电影的主题，父母有责任加以解释，直到确信他们确实已经能正确理解。

此外，阅读报纸对孩子也有一定的影响力。普通报纸的受众一般是成年人，孩子很难理解报纸上的观点。但也有一些专门面向儿童的报纸，是可以让儿童放心阅读的。如果孩子阅读成年人报纸，他们很可能会认为生活中处处充满了谋杀、犯罪和灾难，他们对此毫无准备，因此可能会在心中对这个世界留下一个扭曲的印象。在与一些成年人的交谈中，我们不难发现，他们小时候十分害怕火灾，甚至一生受其所困。

以上所说仅仅是家长和教育者在教育孩子时需要考虑的一小部分外部影响因素，但它们是最重要的，也体现了个体心理学的一般原则。个体心理学家一次又一次地强调"社会情感"和"勇气"这两个口号，因为它们对于以上问题同样适用。

第十一章

至关重要的青春期和性教育

关于青春期的书籍，可以填满一个图书馆。青春期这个话题的确重要，但并没有人们想象得那么重要。每个人的青春期都不尽相同，我们可以找出各种各样的青春期孩子，有的努力刻苦，有的笨手笨脚，有的穿着整洁，有的邋邋遢遢，等等。我们还能从成年人甚至老年人中发现一些人的行为举止依然摆脱不了青春期的影响。个体心理学认为这并不奇怪，原因不过是他们的心理发展滞留在了青春期。在个体心理学看来，青春期只是所有个体发展必须经历的一个阶段。并非所有的成长阶段或环境都能改变一个人的一生，但它们确实就像一个接一个的考验，彰显个体从过去发展出来的性格特征。

例如，有的孩子因家教严格而无法在童年时期充分表达自己，到了青春期，随着生理和心理的迅速发育，他们就会疯狂地想要挣脱自己身上的一切束缚。于是，在整个青春期，这类孩子中的大多数会经历一场身心剧变，人格也会慢慢沿着健康的轨道发展。但也有一些孩子会陷入迷茫，找不到正确的方向，于是只能回望过去。最终，这类孩子会发展为对生活失去兴趣，变得十分内向。童年时的他们在性格方面并未受到压抑或束缚，却因习惯了娇生惯养而无法在未来实现人格的独立。

青春期比以往任何人生阶段都更能体现一个人的生活方式或生活态度，因为青春期比童年更靠近成年。通过了解一个人的青春期，我们可以十分清楚地看到他如何看待科学，是否能轻松交友，是否对他人和社会感兴趣。

有时候，我们还会在青春期的孩子身上看到他们对社会的兴趣表现得尤为夸张，他们仿佛在自我和他人之间失去了平衡，总是希望牺牲自己、成全他人，这种太过强烈的社会情感也会阻碍他们的正常发展。众所周知，一个人如果真的想要服务社会，投身人类共同的事业，就必须照顾好自己，而后才能做出有实际意义的奉献。

另一个极端是，许多14岁到20岁的青少年缺乏对社会的兴趣。他们很早就离开了学校，不再与往日的同学和老师联系，又需要花很长时间才能建立起新的人际关系。在此期间，他们几乎是与世隔绝的。

很快，孩子们将面临职业选择了，这时，青春期的问题会再次显示出来。有些青少年会变得非常独立，目标明确，工作出色，这表明他们在青春期得到了健康的成长。有些青少年在这时会停滞不前，找不到自己的职业理想，一直在变换工作或变换学校，或者干脆无所作为，不找工作。

当然，产生这些问题的根源并不在青春期，只是这些问题是在青春期才清晰地显示出来的。如果我们真正地去了解一个孩子，给予他更多表达自己的机会，而不是过多地观察他、监护他、限制他，或许能帮助他平安健康地度过青春期。

现在，我们来讨论婚恋问题。青少年对这个问题的答案能揭示他性格中的哪些特征呢？同样，追根溯源的话，根源不在青春期，而在青春期以前更早的时候，只不过现在才活跃地体现出来。有的青少年在这个问题上显得条理清晰，他们要么对爱情抱有浪漫的期许，要么会十分勇敢地追求爱情。无论怎样，这些态度与行为都显示他们找到了与异性相处的正确方式。

然而，有的青少年则走向了另一个极端，他们对这个问题羞于启齿。现在，他们离这个问题越来越近了，情况却依然没有好转的迹象。从青春期的人格表现，我们可以推断出一些过往的行为模式，然后才能有的放矢，加以干预。

如果一个青少年在异性问题上表现得十分消极，那么他过去很可能是一个争强好斗的孩子。现在他表现得如此沮丧，也许是因为另一个孩子抢走了父母的偏爱。而现在，他只不过在用坚强、冷漠、骄傲的外表将自己受伤的内心隐藏起来。可见，对异性的态度往往能折射出童年的某些经历。

很多青春期的孩子喜欢离家出走，这可能是因为这些孩子从未对家庭生活感到满意过，现在他们认为可以斩断与家庭的纽带了。他们不想再接受家里的抚养，尽管这种抚养关系对他们和父母来说都有好处。一旦他们遭遇失败，他们就会归因于父母。

虽然很多孩子并没有离家出走，但这并不代表他们没有离家出走的想法，事实上很多孩子是不会放过任何一个夜不归宿的机会的，因为晚上出去找乐子要比安安静静留在家里更具诱惑力。这也包含对家庭的不满，说明孩子在家里没有自由，有的只是无尽的观察和监视。这让他们从未有机会表达和找出自己的错误所在。青春期一到，他们便开始寻找自我了。

青春期的孩子更渴望得到他人的关注，而且变得比之前更敏感。我们可以这样去理解这种心理落差：他们曾是学校里的优等生，得到过老师的高度评价，但突然换了学校，或到了一个新的社交环境里，结果再也得不到之前的赞赏。除此之外，就像我们观察到的那样，在学校成绩优异的孩子到了社会上往往不能继续保持优秀，就像变了一个人似的，但实际上改变的并不是个人而是环境，在新的环境下，他们很难再像过去一样展示出真实的一面。

其实，解决以上青春期问题的方法就是培养友谊，让孩子们去广交朋友，可以与家庭成员培养友谊，也可以结交家庭成员以外的朋友。家人之间应该相互信任，老师也要做值得孩子信赖的人。事实上，到了青春期，家人也好，老师也罢，只有愿意继续当孩子朋友的人才能对孩子进行正确引导。除此之外，任何其他类型的父母和老师都会遭到孩子的排斥。在他们眼中，这样的父母和老师是不被信任的，是局外人，乃至敌人。

女孩在这一阶段往往会展现对女性角色的厌恶，并会模仿男孩。当然，在青春期，要想模仿男孩抽烟、喝酒、拉帮结派这种不良行为容易得多。女孩是这样认为的：不模仿男孩的行为举止，就难以吸引男孩的注意力。

如果我们稍加分析，就会发现青春期的女孩身上所体现出来的这种对女性身份的不认同由来已久，只不过一直隐藏在心底，直到青春期才显露出来。这就是为什么在青春期观察女孩的行为模式十分重要，因为通过观察我们可以了解她们将来该如何对待自己的女性身份。

青春期的男孩通常喜欢把自己塑造成一个智勇双全、充满自信的男人形象。但也有一类男孩害怕困难，不相信自己可以成为真正的男子汉。如果他们没有接受十足的男性教育，那么就会表现女性特质的一面，甚至忸怩作态。

除了这种极端女性化的表现，还有一类男孩会过分地展示他们的男性特征，进而特意发展出一些不良嗜好，如酗酒、纵欲，甚至为了展示他们的男子气概而犯罪，那些想要超越他人、成为领袖的男孩往往会走向极端。

虽然这种类型的男孩看似争强好胜、野心勃勃，但其实很多时候是为了掩饰内心的懦弱。美国就曾发生过一些类似的案例，比如，臭名昭著的希克曼、利奥波德和罗伯事件。深入研究这些案例，我们会发现他们本质上都是在期望过上一种不劳而获的生活。这些人表面看来积极活跃，但其实底子里缺乏直面生活的勇气，而这正是使问题少年走向犯罪道路的一种特征。

　　第一次动手殴打父母也常发生在青春期男孩身上。如果父母不去探寻孩子行为背后隐藏的人格统一性，往往就会感慨为什么孩子变得如此恶劣。但只要我们稍加研究之前发生的事情，很容易就能意识到孩子的性格并没有发生什么改变，只不过到了青春期，他们的体格变得更强壮，能够与父母抗衡了。

　　青春期的孩子大多认为自己面临这样一场考验，即必须证明自己已经不再是个孩子了。这太危险了，因为每当我们认为必须证明什么时，我们很可能已经失了分寸。青春期的孩子就是这样。证明自己已经长大实际上是青春期最为显著的特征，相应的对策就是告诉孩子，他们不需要做什么来证明自己已经长大，我们不需要这种证明。这样可以一定程度上避免他们做出极端行为。

　　个别青春期女孩会表现一种夸大与异性关系的倾向，并开始做出疯狂追求男孩的举动。她们总是与母亲争吵，认为自己受到了压抑（也许确实如此）。出于报复心理，她们很乐意与男性有关系，只要能让母亲痛不欲生，她们就感到高兴。一些青春期女孩就是在与母亲吵架后第一次离家出走的，或者因为父亲的管教太过严厉而与异性偷尝禁果。

　　为了教育好女孩而拼命压抑女孩，结果却把女孩逼成了坏孩子，这确实有些讽刺。那么，错误究竟出在谁身上呢？当然是父母，因为他们没有及时而恰当地让女孩做好迎接青春期的准备。他们之前把女孩保护得太好了，以至于没能培养出女孩明辨是非的判断力和面对一切的勇气，而只有它们才可以帮助女孩安全度过青春期。

有些女孩并不会在青春期出现问题，反而会在今后的婚姻生活中出现很多问题。但道理是一样的，这些女孩只不过侥幸逃过了青春期的一些麻烦，但她们不会一直那么幸运，迟早会遇到不利的情况，所以必须帮助女孩做好充分的应对准备。

这里有一个具体的案例。一个15岁的女孩，家庭贫困，还有一个常年卧床、需要母亲照顾的哥哥，因此女孩从小就注意到家里所有关注的焦点都在哥哥身上。不幸的是，女孩一出生，父亲也病了，母亲不得不承担起照顾父亲和哥哥的双重任务。女孩由于从小目睹了母亲对父亲和哥哥施予的关照，因此心生羡慕。不久，女孩的妹妹出生了，母亲对女孩仅有的一点关注也被妹妹夺去了。而且在妹妹出生时，父亲康复了，这意味着这个新生儿吸引走了父亲和母亲两个人的目光，这要比女孩得到的多多了。孩子们总是会很在意这些事。

为了弥补这种缺失，女孩在学校发奋学习，成为班上最优秀的学生。因为她很优秀，所以有人建议她继续读高中，于是她被送入了高中。然而，也就是那时，一切都变了。她的成绩一落千丈，她的解释是新老师既不了解她，也不欣赏她，而她渴望得到欣赏。现在，无论是在家里还是在学校，她都得不到欣赏了。她误入歧途，找到一个"懂得欣赏"她的男人。她和这个男人生活了两周，然后男人厌弃了她。我们不难预料接下来的事，女孩可能会突然意识到这不是她想要的欣赏，陷入迷茫，同时，家里人开始担心她，并不停地寻找她。突然，家里人收到女孩的一封来信。屡遭挫折后，女孩首先能想到的就是自杀，但她并没有真的自杀，她只是想用"自杀"的说法吓吓父母，以期得到他们的原谅。接下来的几天，她继续在外游荡，直到被母亲找到才回了家。

假如这个女孩能明白，她所做的一切都是渴望得到欣赏和关注，那么也许就不会发生那么多事；假如她的高中老师能意识到这个女孩之前一直表现良好，而她只是需要一个肯定，那么悲剧也不会发生。在整个事件中，任何一个环节如果都能得到正确处理，是可以阻止这个女孩走向毁灭的。

以上案例引出了性教育的问题。最近，关于性教育的话题被夸大了，甚至有些疯狂。有些人表示任何年龄阶段都需要性教育，并无限夸大性无知的危险性。但是，假如我们回顾自己的过往，或者研究他人的既往经验，根本不会看到被他们夸大的困难或危险。

根据个体心理学的经验，2 岁的孩子应该知道自己的性别，并明白，男孩会长大成为男人，女孩会长大成为女人，而且这种性别是与生俱来的，是后天无法改变的。当孩子了解男孩和女孩之间的不同后，性别角色通常就会在他心中确立起来，他会为自己未来的角色做好准备。相反，如果孩子得知可以通过某些方法改变自己的性别，就会引发问题，从而走上弯路。父母如果也总是不经意间表达想要改变孩子性别的意愿，那么也会引发不小的问题。一本名叫《寂寞之井》

（又译《孤寂深渊》）的书中就有过类似的情节描述。很多父母喜欢把男孩当成女孩教育，或是把女孩当男孩教育。他们让女孩穿男孩的衣服，让男孩穿女孩的衣服去照相。有时，女孩打扮得像男孩，周围的人就会唤她"小伙子"，但这个行为很可能会给女孩带来严重的困扰。当然，这都是可以避免的。

此外，不应该当着孩子面谈论任何男尊女卑的观念，应该帮他们树立男女平等的观念。这不仅能防止女孩产生自卑心理，也能防止错误观念对男孩产生不良影响。男孩如果从小不被灌输性别优势，那么长大后就不会仅仅把女性当成满足欲望的对象，更不会把两性关系当成丑恶的事，同时更会清楚自己肩负的使命。

性教育不仅仅是向孩子解释生理知识，还包括教导他们如何正确看待爱情和婚姻。这关乎社会和谐，无法适应社会情感的人可能会以不负责任的方式处理性问题，表现为放纵欲望。这种情况时有发生，它揭示了我们文化中存在的缺陷，即男性经常扮演主导角色。但事实上，男性也会受伤害，因为虚假的优越感会使他们迷失真正的自我。

即使是关于两性的生理知识，父母也不宜过早地对儿童加以教育。等到孩子自己生出好奇心，想了解某些事情时再进行教育也不迟。即使孩子因害羞而难以启齿，合格的父母也总能判断出最佳的教育时机。如果孩子把父母当朋友，他一定会主动提问，而父母则应尽量以孩子能理解的方式答疑解惑，但要避免引起孩子的冲动。

父母无须对孩子过早出现的性成熟迹象感到担忧，事实上，性发育在孩子出生几周内就发生了。孩子在婴儿时期就体验过性快感了，甚至还会故意刺激性器官。假如看到儿童有类似行为，父母不必手足无措，应及时制止，但也不用过于紧张，一旦孩子意识到父母会因此而忧虑，他可能会故意重复这种行为，以吸引父母的注意力。而孩子的这种异常行为，很容易引发误会，但实际上他不过是在博取父母的宠爱罢了。小孩子都会通过玩弄自己的生殖器来吸引父母的注意，这与装病的行为并无二致，都不过是为了博取更多关注。

不过，我们确实应该避免与孩子发生过多的亲吻和拥抱行为，这对孩子尤其是青春期的孩子来说非常残忍。孩子应当避免在性方面受到过多的刺激，但孩子经常会在大人的书房中发现一些少儿不宜的图片。诊所中经常听到类似的案例，因此我们再次强调，应避免让孩子接触不符合其年龄的与性相关的书籍和电影。

假如父母能避开这些过早的刺激，就没必要太过担心，只需在适当的时候进行简单的解释、说明就可以了。但重要的是，如果想一直得到孩子的信任，父母就不能对孩子撒谎。虽然90%以上的性知识是孩子从同龄人那里得来的，但如果孩子相信父母，自然会相信父母所做出的解释。总之，父母在为孩子作答时不必遮遮掩掩，真诚合作、互相尊重比一切技巧更管用。

在生活中过早积累性经验的孩子通常会在以后对性失去

兴趣。这就是为什么应避免让孩子看到父母的亲昵举动。如果可能的话，不应该让孩子和父母同睡一间房，更不应该同睡在一张床上。兄弟姐妹也不应该同睡一间房，父母应时刻留意孩子的行为，时刻警惕外部影响。

以上，我们总结了有关性教育方面的几个重点。这里可以看到，和其他方面的教育一样，家庭成员之间友好合作的关系至关重要。有了这种合作关系，并早早地了解自己的性别角色，认识到男女应该平等，孩子通常就能很好地防范各种危险。最重要的是，孩子往往能够因此拥有一种良好的心态，积极向上地迎接人生。

第十二章

一个教育失误的例子

在抚养孩子的过程中，父母或老师一定会遭遇很多挫折，但绝不能为此灰心丧气，也绝不能因为自己的努力没有起到立竿见影的效果而感到绝望，更不应该因为孩子行为懒散、态度冷漠或悲观被动而过早地下结论，同时，不应该让孩子深陷天赋、遗传等迷信思想的泥潭。个体心理学主张应努力激发孩子的潜力，给予他们十足的勇气和充分的自信，让他们认识到困难不是不可逾越的障碍，而只是需要面对和克服的问题。父母和老师应该教导孩子，认识到并不是所有的努力都能带来成功，但依然有很多成功的案例表明，一分耕耘一分收获。下面这个案例就能很好地说明这一点。

一个12岁的男孩，上小学六年级，他的成绩很差，但他自己并不为此感到烦恼。回顾他的过往，他十分不幸，由于天生佝偻，3岁才学会走路，4岁之前才学会几个单词。他的母亲在他4岁时带他去看了心理医生，而后被告知这个孩子没有被救治的希望。但母亲并不接受，于是将孩子送进一个儿童疗养机构，但帮助并不大。男孩6岁时，家里人决定让他入学。最初的两年，在课外辅导的帮助下，他还能通过学校的考试，而后又勉强读完了三年级和四年级。

男孩在学校的表现如下：他在学校因为极度的懒惰而出名，他总抱怨自己无法集中注意力去听讲，他与同学也无法友好相处，因为大家总嘲笑他孱弱。不过，他还是交到一个喜欢的朋友，他们经常一起散步。但这时，他似乎更讨厌其他小孩了，认为永远也没办法跟他们友好相处。老师的评价是，这个男孩算术很差，写作也不行，但老师确信他完全可以像其他孩子一样取得良好的成绩。

根据男孩的过往和他已经取得的成绩，医生以前对他的诊断都错了。这个孩子的最大问题是极度自卑，他有一个合得来的哥哥。父母声称他的哥哥能毫不费力地考入高中。当然，父母都喜欢吹嘘自己的孩子很聪明，学习毫不费力，孩子也喜欢听到父母的吹嘘，但问题是，如果不付出一定的努力，是没有办法取得好成绩的。男孩的哥哥之所以表现得毫不费力，是因为他把大部分的精力用在了课堂听讲上，而上课不注意听讲的孩子，就只能回家继续学习，付出更多的努力。

谁能想到兄弟俩之间竟有如此大的差异！男孩一直生活在哥哥的阴影下，认为自己远远不如哥哥。每当母亲生气时，男孩可能经常听到说他是傻瓜的话，当然这种话很可能他也经常会从他那聪明的哥哥嘴里听到。他的母亲还说，在男孩不听话时，哥哥经常拳脚交加。男孩就是在这样的环境下变得自暴自弃，而现实生活也似乎验证了他的信念。同学嘲笑他，他总是学不会，他无法集中注意力听讲，每一个困难都让他恐惧。他的老师不止一次地说男孩很难融入班集体或学校环境。最终，孩子彻底相信自己永远无法摆脱这种困境了，他相信别人对他的评价都是正确的。当一个孩子沮丧到毫无信心时，他的遭遇真是太让人心碎了。

不难看出这个男孩已经丧失了所有信心，这不是在我们跟他交流时，从他颤抖的身体和苍白的脸色判断出来的，而是从一个非常小的细节看出来的。我们本应该始终注意这个细节，那就是，当我问他的年龄时，他的回答是"11岁"（我知道他已经12岁）。没有一个孩子会搞混自己的年龄，所以我们不应该把这个错误的回答看作偶然情况，而是应该挖掘出它的内在原因。

当我们将男孩的回答与他过往的生活加以结合时，我们不难意识到他一定非常想念小时候的时光。他想回到过去，回到他还很小、很软弱、很需要帮助的时候。我们可以根据我们已经掌握的事实重建他的人格体系。这个男孩并不像其他男孩一样，想要尽力去完成这个年龄段的孩子本该完成的任务，因为他认为自己没办法与人竞争。这种心理体现在他谎报年龄的回答中。虽然他回答了"11岁"，但他的表现更像一个5岁的孩子。他已经对自己的劣势深信不疑，以至于想要调整所有的活动来适应这种落后的状态。他在白天还会尿床，甚至没办法控制排便。这些症状都表明这个孩子想要相信自己还是一个婴儿。

我们的判断是正确的，他想要回到过去。过去，家里还有一位家庭教师，在他出生前就已经是他们家的私人教师了。女教师非常喜欢这个孩子，甚至替代了母亲本该占据的位置，成为孩子强有力的支柱。由此，我们了解了男孩过去是怎样生活的，他不喜欢早起，家人带着厌恶的手势告诉我们他需要花多久才能起床。我们得出了结论，男孩讨厌上学。一个无法与同学和睦相处，时时感到压抑，对自己丧失信心的孩子不可能喜欢上学，于是他更不可能按时起床去上学。

　　然而，他的家庭教师却说他想去上学。事实上，男孩最近只有在生病时，才恳求去上学。这一点与我们上面所说的不矛盾，但我们的问题是，家庭教师为什么会错误地以为孩子想上学呢？其实，原因已经很明了了，而且相当有趣。只有在生病时，他才敢说想去上学，因为他确信家庭教师会阻止他去上学。他的家庭教师没能看出矛盾背后的原因，以至于倍感疑惑。其实有很多次，我们都观察到男孩的家庭教师根本无法理解他心中的真实想法。

　　直到一件事发生后，这个男孩直接被送到了我的面前。男孩从家庭教师那里拿了钱去买糖果，这意味着他表现得像一个小孩，这种行为太幼稚了，只有无法控制自己的更小的孩子才会这么做。背后的心理动机是，"你要当心了，我要做一些调皮的事情了"。男孩不断地尝试制造麻烦，以此吸引他人的关注，因为他毫无信心。当我们把家里的情况和学校的情况进行对比时，两者之间的联系就明朗了。在家里，他能让别人时刻关注自己，而在学校则无法做到这一点。那么，该由谁为这个孩子做点什么，才能纠正他的行为呢？

这个男孩在被带到我这里之前，所有人都认为他是一个发育迟缓的孩子，但我认为不应该将他归结到这一类。他是个完全正常的孩子，一旦他重塑自信心，他就能像其他同学一样做得很好。长久以来，他总是悲观地看待一切，这让他在做一件事之前就失败了。他的每一个动作都表明他极度缺乏自信，老师的报告中也有所显示："他无法集中注意力，不专心；记忆力差；没有朋友；等等。"他表现得十分沮丧，所有人都知道这一点，而且他所处的环境十分不利，因此要想改变他对自己的看法会很难。

在完成个人心理问卷调查后，我又进行了询问。我们不仅需要与这个男孩交谈，还要同与男孩相关的人进行讨论。首先是他的母亲，她早就认定男孩是无可救药的，她唯一的愿望就是让他保持下去，将来能做一些简单的工作。其次是哥哥，他过于蔑视他的弟弟了。

男孩无法回答"长大后你想做什么"这个问题。这是不正常的，一个半大不小的孩子不知道自己想成为什么，这本身就很能说明问题。当然，大多数人成年后所从事的职业并非童年时理想的职业，但这并不重要，至少他们一直以来都曾有过那样一个目标。早期的儿童，可能会想成为司机、看门人、售票员，或者其他更有吸引力的职位。但若是一个孩子对未来毫无目标，那么我们有理由怀疑他的目标很可能是想回到过去，换句话说，他想回避未来和与未来相关的所有问题。

这与个体心理学的一个基本观点相悖，即对优越感的追求。我们一直强调孩子都有这方面的追求，每个孩子都想充分展现自己，都想超越他人，取得成功。

而我们面前却出现了一个与众不同的孩子，一个想要倒退、想要变小并依赖他人的孩子。这该如何解释呢？心智生活的发展与动机一点也不简单，它们常有着复杂的背景。在复杂的情况下得出简单的结论，那么这种结论一般会是错的。在所有这些复杂性中都存在诀窍，即从辩证的角度去看，任何试图从事物本身得出的结论都有相反的情况。比如，男孩之所以倾向于倒退，是因为这样就能让自己看起来更强大，也更安全。但如果你没有完全理解整体情况，那么你必然会对此感到困惑。事实上，这类孩子做出这种反常的举动的确存在某些合理性。在他们很弱小、很无助的年龄段里，确实有着强大的支配能力，甚至不需要自己做任何事。这个男孩正是因为对自己毫无信心，害怕自己没办法做成任何事，才想要回到过去的。那么，我们还能期望他在未来可以做出任何努力吗？他一定会尽量逃避一切需要衡量他自身能力的情况。这样一来，他就把自己限定在了一个极其有限的活动领域中，没有人会对他提出太多的要求。通过这种方式，我们便理解了，他对得到他人认可的追求就很小了，与幼年时期无异。

我们不仅需要与男孩的老师、母亲和哥哥进行交流，还需要与他的父亲和我们的同事进行磋商。这无疑需要大量的时间和精力，而如果我们能得到老师的支持，我们的工作量就能得到很大程度的减轻。这并非不可能，但想要说服老师也并不简单。个别老师仍然固守着旧有的教育方法和理念，并将心理测试视为异类。还有个别老师认为心理测试有损自身的权威，或者认为这是一种不必要的干预。我们当然知道事实并非如此，心理学是一门科学，不能一蹴而就，人们对其必须进行长期的学习和实践。然而，当一个人对心理学持有错误的观念时，那么它几乎就没什么用处了。

对于教师来说，宽容是一种必不可少的品质，这能让他们明智地包容心理学的思想，即使它与他们迄今为止所持有的观点相矛盾。在当今条件下，我们没有权利统一所有教师对待心理学的态度，面对这种困境，我们该怎么办呢？根据以往的经验，我们除了把孩子从他的困境中解救出来，也就是给孩子转学之外别无他法。只有这么做才不会伤害到任何人，不会有人知道发生了什么，但男孩却卸下了沉重的心理负担。他得以进入一个新环境，他可以重新开始，不让别人对自己产生不好的印象，不让别人再轻视自己。但是，具体安排这一切并不容易，还要考虑家庭情况。也许每种案例的解决方案都不尽相同，然而，如果我们的教师都能够精通个体心理学的话，那么再遇到这类问题时，情况就会有所好转，最起码老师能充分理解孩子的困境，并且愿意在学校中帮助孩子。

第十三章

完美的儿童教育需要父母参与

我们已经多次提到过，本书是针对家长和教师而写的，它从心理学方面提出了对孩子心理生活的全新见解，因此对家长和教师都能起到积极的指导作用。归根结底，我们关注的重点是孩子是否得到了良好的教育和发展，至于到底是受家长的影响更多还是受教师的影响更多，我们并不在意。当然，这里的教育指的是学科以外的教育，即人格的树立，这应是教育领域的重中之重。家长和教师其实都能为此做出贡献，同时双方还可以互相监督、互相批评，指出对方的不足。不过，在现代社会背景下，或在大城市中，教师所承担的责任更重一点。总体而言，家长对新观念的接受程度不如教师高，教师对儿童教育本身就保持着一定的专业兴趣。在未来，个体心理学还是主要把希望寄托于改造学校和转变教师观念上，当然这期间也少不了家长的积极配合。

　　在教学过程中，教师和家长难免发生冲突，因为教师对孩子的纠正往往意味着家庭教育的失误。从某种意义上说，家长会认为老师是在变相地指责家长。这时，教师该如何处理这个问题呢？

我们接下来就针对这个问题进行探讨，当然是从教师的角度出发，因为教师必须把这种冲突当成一个心理问题来处理。如果家长看到以下评论，也请抱以宽容的态度，因为这些评论只适用于无知的家长，他们才是教师不得不去应对的群体。

很多教师表示，与问题儿童的父母交流比与儿童本人交流更困难，这个事实再次证明，教师必须正视与家长打交道的问题，必要时可以采取一定的手段。需要明确的是，老师没必要把孩子出现的一切问题都归因于家长，毕竟，家长并不是专业的教育大师，他们只是按照寻常人的方法教育孩子。所以，当家长因为孩子的问题而被叫来学校时，家长往往会觉得自己像是受到了指控的罪犯。家长有这种心理表明他们是有负罪感的，教师如果处理巧妙，就很容易掌握主动权。教师应先安抚家长的情绪，让他们平静下来，再展现一定的善意，适当向家长求助，便能得到家长的支持了。

即使教师认为理由充分，也不应该责备孩子父母。我们可以说服父母改变态度，并按照我们的方法去做，这样才能更好地开展教育工作，取得好的效果。总是批评父母过去所犯的教育错误或指责他们失职，根本无济于事，只能让父母产生逆反心理，更不愿与教师积极配合了，让孩子父母改变方式方法才是最重要的。"冰冻三尺，非一日之寒"，孩子出现问题也不是朝夕之间的事，总有一个过程。所以，父母也一定会怀疑自己在教育孩子的过程中出了什么问题。在与家长沟通的过程中，我们应尽量避免教条，不应以高姿态命令父母该怎样改正，而应多用"可能""也许""不妨这样试试"之类的词语。即使我们已经准确判断出错误的根源，也知道该如何纠正，也不好直截了当地向父母指出，以免让父母感觉自己像个受强迫的傻瓜。当然，我们并不是要求所有老师都要使用这种手段，它也不是一朝一夕就能掌握的。不过，本杰明·富兰克林在他的自传中也表达了同样的思想，他是这样说的：

"一个好心的教友告诉我，说大家都认为我有点骄傲自负，尤其交谈时表现得更为明显。在与人争辩时，我确实有些傲慢无礼，甚至盛气凌人。他还列举了几个例子来证明自己的观点。于是，我下决心改掉这个略显愚蠢的不良习惯。从此，谦卑就被我列入我的人生信条。

"现在，我不敢说自己确实做到了谦卑，但至少表面功夫做得还不错。我给自己定了一条规矩，就是不直接反驳别人，也绝不肯定自己，甚至严禁使用语言中表达固定观点的单词和短语，诸如'肯定''毋庸置疑'，而改用'我认为''我是这样理解的''我想是这样的''从目前的状况看是这样的'，等等。如果有人对我的观点提出异议，我也绝不直接反驳，更不会当即指出他的错误，而是会在仔细斟酌后指出，在某些情况下他的观点的确是正确的，但在其他情况下，事情似乎又有所不同。很快，我发现这种转变给我带来了不少好处——我可以与所有人相谈甚欢了。由于我总是谦卑地提出意见，人们也愿意接受我的意见了。即便后来发现我的观点是错误的，我也不至于太丢人；如果我的意见刚好是正确的，也就更容易说服他人与我为伍了。

"其实，起初我只是表面假装谦逊，因为它违背了我的天性，但久而久之，谦卑仿佛融入了我的血液一般，可以信手拈来。我甚至敢夸口说，在过去的这 50 年里，没人从我嘴里听到过一句武断的话。我想，正是由于养成了这种习惯（毕竟我天生性格急躁），早年我提出的废旧立新等大胆决策，才能一呼百应，得到同胞们的支持；后来，我做了议员，我的提议也在公共事务中颇具影响力。我口才不佳，也无雄辩之才，遣词造句时更会犹豫不决，表达也不够准确，但我的意见和建议还是能得到普遍认可。

"事实上，所有的人类天性中，桀骜不驯是最难克服的了。你可以掩饰它，与它抗争，打压它，阻止它，随你怎么折腾，它依然会时不时地冒出头来，暴露人前。即便在我现在写的这部自传中，你一定也常能见到它的身影。此时此刻，就算我认为自己已经彻底战胜了骄傲，但谁又知道，我是否会因拥有了谦卑而沾沾自喜了呢？"

诚然，上述观点并不能通用于生活中的所有场景，我们也无法期望和强求别人也做到。然而，富兰克林的态度向我们表明，激进的对抗是多么愚蠢，而且毫无效果。生活中没有可以适用于每种情形的万能法则，每条规则都有其适用范围，一旦超出适用范围，就变得不可行了。当然，在必要的情况下，强硬的措辞是唯一的选择。然而，假如我们考虑到家长夹在老师和孩子中间的艰难处境，就没有办法对他们疾言厉色了。此外，假如得不到家长的支持，我们将什么也做不了，这时，为了帮助孩子，富兰克林的建议也不失为一种好办法。

我们没必要争一时长短去证明自己多么正确、多么优越，重要的是能够帮助孩子走出困境。许多家长根本听不进任何建议，他们只会震惊、愤怒、不耐烦，甚至心怀敌意，理由是教师把他们和他们的孩子置于危墙之下。这类家长可能不是不知道孩子有问题，只是选择视而不见、充耳不闻，而现在，他们被迫睁开眼睛，直面现实，这种感觉太糟糕了。所以，当过于急切，甚至略带粗暴地向家长反映孩子的问题时，老师很难得到家长的支持。许多家长甚至会产生过激反应，对着老师大发雷霆，拒绝深入交谈。这时，教师最好要向家长表明，教育依赖家长的支持和配合，等他们的情绪缓和下来，再引导他们深入交谈。但我们也要提醒自己，有的家长思想封闭、落后，一时无法调整过来也是正常的。

例如，一位父亲十年间已经习惯对他的孩子疾言厉色，现在突然让他和颜悦色地与孩子交谈，那也是不可能的。此外，还有一个问题，当一位父亲突然改变对孩子的态度时，孩子会难以接受这种转变，会认为这只不过是一种假象或诡计，他需要很长时间才能相信父亲真的变了。高知家庭也常出现这种情况。有一位父亲是高中校长，他的批评指责几乎把儿子逼到了崩溃的边缘。后来，这位父亲在同我们的交流中意识到了这一点，于是回到家中与儿子促膝长谈。然而，很快他因为孩子表现懒散再次大发雷霆。接下来，只要儿子让他不满意，他就会一如既往地批评指责。你看，就连教育家本身也很难改正自己的教育错误，又怎么能苛求那些从小就习惯了棍棒教育的普通人在一夕之间发生转变呢？所以，教师在与家长沟通时应多开动脑筋，使用一些技巧，言辞也要温和委婉些。

要切记，社会底层普遍流传着棍棒教育法则。因此，这些孩子会发现在学校与老师、家长交流完毕后，回到家中仍免不了遭受一番毒打。结果，我们的努力就在家长的皮鞭之下烟消云散了。也就是说，孩子原本已经因为自己的错误接受了惩罚，而事实上他们往往会遭到两次惩罚。

这种双重惩罚有时会带来可怕的后果，比如，学校规定必须把成绩单带回家给父母看，但有的孩子由于考得差，害怕被父母责罚而不敢把成绩单带回去，于是就想出了伪造父母签名或者逃学的办法。我们不应该忽视这些事实，更不应该视而不见，我们必须设身处地地为孩子考虑周全。不妨多扪心自问：如果继续坚持这么做，会出现什么后果？会对孩子造成怎样的影响？我们的做法真的会对孩子产生积极的影响吗？孩子能否承担后果？孩子能学到有用的东西吗？

在困难面前，孩子和成人的表现是不相同的。在重塑孩子的生活模式之前，我们要慎之又慎，要对可能产生的效果做出合理判断，更要对孩子的教育进行深刻的思考。教育工作者要有勇有谋，要坚定不移，无论遇到再大的困难，都要始终坚信能找到妥善处理的办法，去阻止孩子误入歧途。古

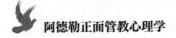

人言，教育开始得越早越好。我们必须习惯把孩子看作一个整体，问题只是这个整体的一部分，这样才能更全面地帮助孩子，而不是只死板地揪住缺点，处理症结。比如，孩子没有按时完成家庭作业，不合格的老师只会立刻把情况反映给家长。

我们即将步入一个新时期，这个新时期要求我们在儿童教育方面必须有新思想、新方法和新认识。科学发展蒸蒸日上，陈规旧俗正逐渐被废除。对教育的新的认知要求教师承担起更重的责任，同时，也让他们对儿童问题有了更深刻的见解，使他们更有能力去帮助这些孩子。当然，最重要的是，脱离整体人格，只研究孩子的单一表现是毫无意义的，我们只有将整体人格与个体行为联系起来，才能实现更深入的研究。

附录一

个体心理学调查问卷

本问卷针对问题儿童，由国际个体心理学家协会拟定。

⤙ 1. 孩子从何时起出现问题，原因是什么？当孩子初次暴露问题时，他所处的情况（心理或其他方面）是怎样的？

列举重要的因素如下：环境变化，入学，家庭中有新生儿，在学校受挫，教师或学校的变动，新的友谊，生病，父母离婚，父母再婚，父母去世。

⤙ 2. 早年有没有注意到孩子身上有一些与心理或身体缺陷有关的特点？如依赖他人进食、穿衣、洗漱或就寝而暴露出来的胆怯、粗心、内向、笨拙、嫉妒？孩子是不是怕一个人待着或者处于黑暗环境？他知道自己的性别是什么吗？他懂得什么是第一性征、第二性征和第三性征吗？他对异性有怎样的看法？他对自己的性别角色了解多少？他是继子吗？他是非婚生子吗？他是寄养孩子吗？他是孤儿吗？他的寄养父母是如何对待他的？他与寄养父母之间还有联系吗？他学会说话和走路了吗？学习的过程中有没有困难？他的牙齿正常吗？学习阅读、画画、唱歌、游泳有没有明显困难？他是否特别依恋父亲、母亲、祖父母或保姆？

我们需要弄清楚他是否对周围环境怀有敌意，找出他自卑的原因；他是否倾向于回避困难，性格是否自私和敏感。

🖎 3. 孩子是否经常制造麻烦？他最害怕什么东西或什么人？晚上会哭吗？他有遗尿症吗？他是否恃强凌弱，或者遇强则强？他是否十分渴望睡在父母的床上？他是否笨拙？他是否患佝偻病？他的智力如何？他是否经常被取笑和嘲笑？他是否对自己的头发、衣服、鞋子等表现出虚荣心？他是否咬指甲或挖鼻孔？他是否贪吃？

这些问题将有助于了解他是否能勇敢地追求优越感。此外，性格固执是否阻止了他追求优越感。

🖎 4. 他是否容易交朋友？他是否对他人和动物宽容以待，会不会折磨和虐待他们？他是否喜欢收集或囤积东西？他是否贪婪？是否喜欢领导他人？他有无孤立自己的倾向？

这些问题与孩子和外界接触的能力以及他的沮丧程度有关。

✎ 5. 关于以上问题，家长可以分析孩子目前处于什么状态。他在学校表现怎么样？喜欢上学吗？会迟到吗？上学前会兴奋吗？他是不是常常表现得匆忙急躁？经常会弄丢书本或书包吗？在练习和考试时会感到紧张吗？他会不会经常忘记做作业或者不想做？他是不是总是故意拖延？他是不是很懒惰？他注意力集中吗？他会不会在课堂上制造混乱？他对老师的看法如何？会不会对老师持批判、傲慢或漠不关心的态度？他是主动要求别人帮助他学习功课，还是等待被帮助？他是否在体育运动中争强好胜？他是否认为自己在体育方面无天赋？他是否热爱阅读？他更喜欢哪类文学作品？

这些问题有助于我们了解孩子对学校生活做了多少准备，是否接受了学校这一新环境，以及他对困难的态度。

✎ 6. 家庭情况及信息的准确性也很重要，家庭成员有无患病、酗酒、犯罪倾向？有无神经症、虚弱、癫痫的情况？生活条件怎样？亲人是否去世，去世时孩子多大？他是孤儿吗？家庭中谁说了算？家庭教育是否严格，对孩子抱怨多一点还是宠爱多一点？家庭环境是否让孩子害怕？家长对孩子的监督情况如何？

从孩子在家庭中的情况可以进一步判断他将受到何种影响。

7. 孩子在家庭中是长子、幼子，还是独子或独女？兄弟姐妹之间是否存在竞争？是否经常哭闹？是否会恶意嘲笑他人或贬低别人？

这些问题对孩子性格的研究十分重要，并能够解释孩子对待他人的态度倾向。

 8. 孩子是否已经考虑过未来的职业和婚姻？家里其他成员从事什么工作？父母的婚姻关系如何？

这些信息能反映孩子是否对未来有勇气和信心。

 9. 孩子喜欢哪些游戏、故事、历史人物和虚构人物？他是否喜欢破坏其他孩子的游戏？他是否富有想象力？他是否喜欢做白日梦？他是否能做一个冷静的思考者？

这些问题可判断出他在生活中是否喜欢扮演英雄角色。孩子行为的对比可能被视为沮丧的迹象。

 10. 孩子最早的记忆是什么？有关飞行、坠落、无力感、追赶火车、焦虑等梦境是否让人印象深刻？

这些问题可以发现孩子是否有孤立倾向，是胆小怯懦，还是有雄心壮志，对特定人物、乡村生活是否有偏爱。

 11. 孩子是否经常遭受打击？他会觉得自己被忽视了吗？他是不是很容易受到关注和表扬？他会有迷信的想法吗？

他喜欢逃避问题还是勇敢面对？他是否做事总是虎头蛇尾？他对未来感到迷茫吗？他认为遗传会对他产生负面影响吗？他是否总是受到周围人的打击？他对生活的看法是否悲观？

这些问题将有助于判断这个孩子是否已经失去了信心，是否已经误入歧途。

❧ 12. 孩子是否有其他坏习惯，如做鬼脸、装傻、故作幼稚等？

有这种情况的孩子是为了吸引注意力。

❧ 13. 他是否有语言障碍？是否丑陋？他是否有畸形足？他是否"O"形腿或"X"形腿？他是否异常矮小、异常肥胖或异常高大？他的身材比例是否协调？他的眼睛或耳朵是否结构异常？他是否智力迟钝？他是不是左撇子？他晚上是否打呼噜？他是否长得格外漂亮？

有缺陷的孩子通常会过度夸大缺陷，并永远为此感到沮丧。非常漂亮的孩子也经常会出现发展问题，因为他们总认为自己能够轻松得到一切。这样的孩子会错过很多为生活做准备的机会。

❧ 14. 他是否经常觉得自己不够能干，在学校、工作和生活中缺乏才华？他是否有过想要结束生命的念头？他的失败和困境是否有特定的时间关联？他是否好大喜功？他是否固执、叛逆，低声下气或桀骜不驯?

以上表现往往代表着孩子深陷自卑的泥淖无法自拔，而且越努力挣扎，这些表现越明显。失败的原因，一方面是他的努力没有获得回报，另一方面是他对与他接触的人缺乏理解。但孩子必须通过某种方式实现对优越感的追求，于是他便把注意力转移到了更容易的事情上。

✎ 15. 找出孩子成功的事例。

孩子"积极的表现"常为我们提供重要的线索，因为有可能孩子的兴趣、倾向和准备工作所指向的方向与他迄今为止所走的方向不同。

通过对上述问题的回答（这些问题不应该按照固定的顺序或常规方式提出，而应该通过建设性的对话方式提出），我们可以对个体特质形成一个正确的概念。人们会发现，尽管失败是不可接受的，但是可以被认识和理解。对于问卷揭示的错误和问题，我们应该始终以耐心友好的方式去向孩子解释，不要威胁恐吓。

附录二

五个儿童的真实案例

🖎 案例1

一个15岁的男孩，是家里独子，父母为了让他过上舒适的生活而努力工作。他们很爱男孩，一直努力给他提供最好的东西，男孩因此度过了一个愉快的童年。他的母亲温柔善良，但很爱哭。母亲在谈论到她的儿子时有些费力，中断了好几次。我们不了解他父亲的为人，但母亲形容他是一个诚实且精力充沛的人，他热爱家庭，很自信。男孩小时候很顽皮，父亲对他说："假如现在不调教好，将来可就糟了。"父亲所谓的"调教"大部分情况下是给孩子树立一个"好榜样"，一旦男孩做错事，就大加打骂，而不是费心教导。这让男孩很小就有了叛逆意识，想要当家做主，独生子经常会有这样的表现。他很早就出现明显的屡教不改的迹象，结果养成了只要父亲不在身边就拒绝服从的坏习惯。

如果此时停下来问这个孩子一定会发展出哪种性格倾向时，我们的回答是"撒谎"。为了逃避父亲的打骂，他经常撒谎，而这也是母亲找到我们的原因。这个孩子今年15岁了，父母从来不知道他嘴里哪句话为真，哪句话为假。

后来我们继续探究，发现这个孩子曾在一所教会学校就读，老师也经常抱怨他不服从命令，总是扰乱课堂秩序。例如，他总是在老师提问前就大声抢答，或者打断别人，或者在课堂上与人交谈。他是个左撇子，且字迹潦草。他无法控制自己的行为，面对父亲的惩罚只会撒谎。父母本来想让他留在教会学校完成学业，但很快他就被带回了家，理由是教师认为这个孩子无可救药。

这个男孩看起来十分活泼，所有老师都认为他智力正常。他在读完公立学校后，需要参加中学入学考试，他开心地告诉母亲他通过了考试。那年暑假，一家人愉快地去乡间度假。其间，男孩常畅想中学生活，终于到了开学那一天，他收拾书包开开心心上学去了，之后每天中午都会回家吃饭。然而有一天，母亲在陪男孩上学的路上，听到有人指着男孩说："就是这个男孩，那天早上带我去的火车站。"母亲问男孩怎么回事，是不是逃课了。孩子回答说，学校上午10点就放学了，正好遇到那人在问路，就带他去了火车站。母亲不相信这个解释，回家后把这件事告诉了父亲。父亲决定第二天陪儿子上学，第二天在上学的路上，父亲反复追问，男孩终于说了实话，说入学考试失败了，他从未上过高中，而是一直在街上闲逛。

父母为男孩雇了一个家庭教师，最终帮他通过了考试，但男孩的行为并没有得到纠正，他仍然会扰乱课堂秩序，甚至学会了偷窃。有一天，他偷了母亲的钱，还坚决不承认，直到父母威胁报警才肯承认。这个案例是教育上的一个悲剧，父亲本以为能改变孩子，最后却大失所望。男孩遭受了惩罚，被孤立起来，没有人再愿意和他说话或关注他。虽然父母不再打这个男孩，但也不再理会他。

在被问及孩子何时出现问题时，男孩的母亲回答说："自他出生以来。"母亲这是在暗示孩子的不良行为是天生的，因为他们已经竭尽所能地纠正他，但并没有成功。

"男孩在他还是一个婴儿时就很难带，经常没日没夜地哭泣。但所有的医生都说这很正常，孩子也很健康。"

事情并不像众人以为的那么简单。婴儿在哺乳期哭泣是很正常的，原因有很多，但这个独生子的母亲毫无经验。比如，男孩通常因为尿湿了而哭泣，但母亲却没能意识到这点。那么，男孩哭泣时，母亲是怎么做的呢？她选择把婴儿抱在怀中，轻轻摇晃，喂他喝奶。她应该找出让孩子哭泣的真正原因，解决问题，而后不再过多关注他。假如当时孩子能停止哭泣，也许就不会有现在的诸多麻烦了。

母亲还表示，男孩十分顺利地学会了说话和走路，没有遇到任何障碍，牙齿发育也很正常。男孩有个坏习惯，就是经常破坏新玩具，但这并不代表他脾气暴躁。后面这句话引起了我们的注意："他似乎无法长时间独自玩耍。"那么，母亲应该怎样训练孩子学会独自玩耍呢？办法只有一个，就是给孩子单独玩耍的时间，不要总是干涉他。我们怀疑母亲并没有这么做，后来从她的言论中得到了证实。例如，她总是围绕男孩忙个不停，而男孩也总是缠着她。这些都是孩子渴望得到母亲溺爱的表现，也是刻在他心灵中的最早的印记。

"这个孩子从未被独自留下来过。"

母亲的这种说法像是在自我辩护。

"他从来没有独自一人待过，直到今天他也不喜欢被单独留下来，哪怕只一个小时，更没有在夜间一个人过。"

这证明了孩子与母亲的联系十分紧密，以及他很依赖母亲。

"他好像什么也不怕，到今天也不知恐惧为何物。"

这个说法有些挑战性，因为它与我们的发现不符。对事实进行仔细研究后，我们得出了解释。这个男孩从未被单独留下过，因此，他不需要害怕。对于这样的孩子，恐惧是一种让别人留在他们身边的手段。因此，恐惧对他来说是不存在的，他没有被单独留下的机会，所以不会产生这种情绪。现在出现了另一个看似矛盾的情况。

"他非常害怕父亲的鞭子。所以他确实存在恐惧这种情绪，不是吗？然而，一旦鞭打结束，他很快就会忘记疼痛，继续顽皮，即使有时的惩罚相当严厉，他也会很快就恢复情绪。"

在这里，我们看到了一个可悲的对比：母亲十分宽容，父亲十分严厉，并希望纠正母亲的软弱。孩子通过父亲的苛刻而更加依赖母亲。也就是说，他偏爱那个溺爱他的人，那个可以使自己轻易得到一切的人。

男孩在 6 岁时进入教会学校，而后人们对他的抱怨之声不绝于耳。他调皮捣蛋、粗心大意、不注意听讲，但这些抱怨都源自他的行为，而无关乎学业。抱怨最多的是他太过调皮捣蛋，这是因为他想要吸引别人的关注。他在家中已经养成了这样的习惯，现在他到了一个人数众多的环境中，要想引起老师的关注，他必须表现得更加调皮捣蛋。但老师不理解孩子的目的，于是只会一味指责和纠正孩子的行为，但这正是男孩的目的。他向来为了获取关注而付出巨大的代价，为此已经习惯了，然而再多的打骂也无法改变他的习惯。我们是否可以假设，学校用更温和的惩罚手段可以使男孩有所改变呢？似乎不大可能。当他极不情愿地去上学时，他已经为自己想好了补偿手段，那就是成为所有人关注的焦点。

父母告诉他，必须考虑班级利益，想要阻止他继续干扰课堂纪律，但是这样的陈词滥调，只会让我们怀疑这对父母欠缺常识。男孩当然清楚是非黑白，只是他的注意力不在这里，他想要获得更多的关注，而在学校保持安静是没办法获得任何人的关注的。努力学习也许可以获得关注，但这太难了。一旦意识到他为自己设定的任务，我们就能理解他的一言一行了。当然，男孩在手持鞭子的父亲面前会安静一段时间，但母亲说，一旦父亲走开，男孩又继续调皮。他把鞭打等惩罚看成干扰，只能暂时干扰到他，绝不可能永远阻止他。

"他无法控制自己。"

想要博得关注的孩子，都喜欢发脾气，因为这是一种"不错"的手段。我们知道，人们通常所说的发脾气其实不过是在完成任务时的一种便利手段，这种手段本身就带有目的性。例如，如果一个人想要安静地躺在沙发上，那么他根本不需要发脾气。发脾气往往代表一个人心中有所想，希望达到什么目的，即为了博得别人的关注。

"男孩后来还总是把家里的东西带到学校去换钱，之后用所得的金钱请朋友消费。后来父母发现了他的行为，于是每次在他上学前必会搜查一番。最后，他停止了这种做法，继续调皮捣蛋。不过这种改变只不过受制于父亲的严苛惩罚。"

男孩的调皮捣蛋同样是因为他想得到别人的关注，然后迫使老师惩罚他，让自己凌驾于学校制度之上。

"虽然男孩的恶劣行径有时候会有所收敛，但总是不定时地又回到原点，最终学校还是把他开除了。"

这证实了我们之前所说的，这个渴望从他人那里获得认可的男孩，必然会意识到这个过程会遇到许多困难。除此之外，从他惯用左手方面，我们也能洞悉他的内心。他想要逃避困难，于是想尽办法，但都因缺乏信心而终止。他对自己越没有信心，就越想要证明自己可以得到他人的关注，直到学校再也无法容忍并将他赶出校门。学校有自己的正当立场，认为不能因为一个不良少年而干扰其他正常学生的学习，于是除了开除他别无他法。当然，我们应该了解，教育的目的是纠正缺点，开除并不是什么好办法。男孩可以转而从他的母亲那里获得关注，而且再也不需要在学校刻苦学习了。

有一位教师建议利用假期把男孩送进"少年儿童问题矫正中心"，那是一个比学校还管理严格的地方，但效果并不理想。他的父母仍然是他的主要监护人，每个星期他都能回一次家，他为此而感到高兴。即便不能回家，他也不会沮丧，因为他想表现得像个大人一样，也希望被别人当作大人。就算挨了打他也不会哭泣，他不会以任何方式让自己显得很软弱。

"男孩的学习成绩并不算太差，因为家里一直在为他请家教。"

由此，我们可以断言男孩缺乏独立性。老师评价这个孩子，只要能静下心来便能取得好成绩。我们相信这一点，因为除了智力有障碍的孩子，其他孩子都有取得好成绩的可能。

"他毫无绘画天赋。"

这很重要，可以推断出他还没能很好地适应使用右手。

"他在体育方面表现优秀；游泳很快，也不怕危险。"

这表明男孩并没有完全气馁，他只是把勇气用在了不重要的事情上，用在他能够轻松做到并且确定会成功的事情上。

"他不害羞，对每个人都直言不讳，无论是看门人还是学校校长，尽管他一再被告诫不要太放肆。"

我们已经知道，男孩从不把任何人的禁令当回事，所以不能把他的毫无羞怯感当成有勇气。很多孩子能分清学校教师、管理者，以及他们的不同职责，但男孩既然不怕父亲的皮鞭，也必然不怕校长。为了凸显自己的重要性，他只会更加放肆无礼。

"他对自己的性别认知有些模糊，但他经常表示不想成为女孩。"

没有任何迹象表明男孩对自己的性别有看法，但众所周知，调皮的男孩总是喜欢贬低女孩，他们借助贬低女孩获得优越感。

"他没有真正的朋友。"

这不难理解，因为他总是扮演领导者，而其他孩子不会一直想要被领导。

"他的父母还没有向他解释与性相关的问题。他的行为总是表现出一种强烈的统治欲。"

他十分清楚我们为了了解他而付出了很多努力，也就是说，他很清楚自己想要什么，但他无疑不了解他无意识的目标与行为之间的联系。他不明白这种强烈的统治欲从何而来。他想统治是因为他的父亲一直处于统治地位，而他越想统治，实际上就越证明了自己的软弱，他必须依赖于人；而被模仿者即他的父亲则是在自我约束的前提下进行统治的。换句话说，男孩的懦弱是他一直渴望统治他人的根源。

"他总是惹是生非，哪怕对方比他强大。"

其实，强者反而更容易对付，因为他们身上总有一种强烈的责任感。男孩只有在放肆无礼时才会感到自信。顺便说一句，要让他摆脱这种放肆并不容易，他对自己的学习毫无信心，因此不得不通过这种放肆掩饰这一点。

"他并不自私，总是有求必应。"

如果有人认为这是善良的迹象，那么这显然并不符合他整体的性格特征。我们知道，人可以通过慷慨来展示优越性。重要的是，我们要认清这种性格特征是如何与对权力的渴望相契合的。对他来说，这种慷慨是一种提升个人价值的途径，很可能是从他父亲那里学到的一种自我炫耀的手段。

"他仍然会惹很多麻烦。他最害怕父亲，然后是他的母亲。他不赖床，不爱慕虚荣。"

这里提到的是外在的虚荣，因为他内在的虚荣心异常强烈。

"他已经改掉了挖鼻孔的坏习惯。他是一个固执的孩子，对食物很挑剔。他不会完全不合群，但更喜欢那些可以一起做任何事情的孩子，并且非常喜欢动物和花草。"

他喜欢动物这一点隐藏着他对优越感和控制欲的追求。当然，这种喜爱无可厚非，因为它能促进人与世界万物的联系。然而，对于这样的孩子，他却表达了一种统治的愿望，而且总是想要让母亲为他多操心一些。

"他表达出对领导权的巨大渴望，当然这里并不是指智力上的领导欲。他有收集东西的倾向，但由于缺乏耐心，从未完成过任何收藏。"

这类孩子身上所体现出来的最大悲剧在于，他们做事情总是虎头蛇尾，有始无终，因为他们总是害怕承担事情完成后的责任。

"自他10岁以后，他的行为有所改善，以前他总是想要在街头扮演英雄，父母根本无法让他待在家里。通过不断努力，他才取得一点进步。"

把男孩限制在狭小的家庭空间，才是能满足他强烈的自我肯定欲望的好办法，因为他可以在这个狭小空间不停地制造麻烦。因此，如果条件允许的话，应该让他上街玩耍。

"他回家后的第一件事就是写作业，从没想过溜出去玩耍，但又总是磨磨蹭蹭。"

当我们把一个孩子限制在狭小空间内，而后监督他学习时，我们会发现他总是很容易分心，总是浪费时间。我们必须给他充分的活动空间，让他与其他孩子一起玩，只有这样，他才能在同龄人中发挥价值。

"他过去很喜欢上学。"

这说明他的老师不严厉，这样他就可以轻松扮演英雄的角色。

"他经常弄丢课本，他不害怕考试，总相信自己能出色完成一切。"

这里展示了一个相当普遍的特征。如果一个人在任何情况下都表现得十分乐观，说明他极不自信。这样的人肯定是悲观主义者，但他们会设法逃避事实逻辑，试图在梦境中实现一切；当面对失败时，他们也毫无惊讶之色。他们拥有一种宿命论，因此总是一副乐观主义者的样子。

"他无法集中注意力，有些老师喜欢他，而另一些老师则非常讨厌他。"

喜欢他的老师往往性格温和，他们喜欢男孩对他们彬彬有礼，也很少给男孩布置较难完成的任务，男孩也很少会给这样的老师制造麻烦。和大部分被宠坏的孩子一样，他无法集中注意力，在 6 岁前，他甚至都不需要这么去做，因为母亲会给他安排好一切。他对生活缺乏心理准备，一旦面对困难，这一点就会显现。他不懂得如何解决困难，也不太有兴趣与人合作。他既不想完成什么事情，也对此毫无信心。他只渴望追求优越感，但又想要毫不费力地就实现这一渴望。他既没能扰乱学校的秩序，也没能得到别人的关注，这更加剧了他不良的行为倾向。

他总想轻而易举地得到一切，想要以最简单的方式去做每一件事，而且不必顾虑他人的感受。这已经成为他生活的一部分，体现在他所有行为中，比如，偷窃和撒谎。

男孩在生活方式中所发展出来的错误是显而易见的。他的母亲确实为他培养社会情感做出了努力，但无论是他的母亲还是他严厉的父亲都未能使他的这些社会情感得到进一步发展。这些情感只局限于他母亲的世界中，只有在他母亲面前，他才感觉自己是被人关注的焦点。

他对优越感的追求不再有实用价值，而是单纯为了满足个人的虚荣心。为了让他回归到生活的实用价值上，我们必须重塑他的性格。他需要获得信心，这样他才会乐意听取我们的建议。与此同时，我们必须扩大他的社会关系圈，弥补母亲对这个独生子所犯的失误。他需要与父亲和解。我们必须循序渐进地对他展开教育，直到他能够像我们一样明白他过去的生活方式是一种错误。当他的兴趣不再集中在某一个人身上时，他的独立性和勇气将会迅猛发展，而后才能把追求优越感引向生活的实用价值上。

❦ 案例2

这是一个10岁男孩的案例。

"学校抱怨他学习成绩不好，已经连续落后了三个学期。"

10岁的孩子落后三个学期，我们一般会怀疑他的智力有问题。

"他现在正读三年级B班，智商是101。"

由此可见，他不可能存在智力问题。那么造成他落后的原因是什么呢？为什么他会扰乱班级秩序？我们看到他有一定的进取心，只是发挥在无用的方向上。他想要创造性地成为别人关注的焦点，但方式错了。我们也能看到他在与学校对抗。他把自己当成了一个斗士，学校是他的敌人，如此，我们便理解他为什么会落后，学校的规章制度很难约束这样一个斗士。

"他总是违背纪律和命令。"

显而易见，这其实是他聪明的表现，他做事有自己的方法。但他争强好胜，所以一定会抵抗别人的命令。

"他会和其他孩子打架，会把玩具带到学校。"

这意味着他想把学校变成他的领土。

"他算术不好。"

这代表他缺乏社会意识以及相应的社交逻辑。

"他有语言障碍，每周上一次语言培训课。"

这种语言障碍不是因为有生理缺陷，而是缺乏社会合作的表现，如表现为口齿不清。语言是一种与人合作的态度——个体必须与他人建立联系才行。在目前情况下，这个男孩把这种语言障碍当成了武器，以展示自己好斗的一面。我们不必惊讶于他不去寻求矫正，因为矫正意味着放弃引人注目。

"当老师和他交谈时，他的身体一直摇摆不停。"

这种像在准备进攻一样的姿势，表示他很抗拒与老师对话，因为老师成了征服者，而他只能听命行事。

"母亲（准确地说是继母，他的生母在他婴儿时期去世）只会抱怨他神经质。"

神经质这一说法掩盖了男孩许多不良行为的本质。

"他是由祖母抚养长大的。"

没有什么比祖母带大更糟糕的事情了，因为祖母通常太过溺爱孩子了。当然，值得反思的是为什么会这样，这其实根源于我们错误的文化观念——社会没有给老年人继续发光发热的余地。他们也想反抗这种待遇，这没有任何问题，但祖母唯一想到的反抗手段就是溺爱孩子，通过让孩子对她们产生依赖证明自身存在的价值。

假如祖母和外祖母碰到了一起，这简直会引发一场可怕的战争，两位祖母会拼命想要证明自己更受孩子的喜欢。在这场争夺赛中，孩子会发现自己原来如此重要，而且几乎想要什么都能得到满足。他只需说一句，"外祖母给我买了这个"，那么他的祖母一定会想方设法买个更好的。在家里，孩子成了所有关注的焦点，而孩子就把这种关注当成了追求优越感的目标。现在他到了学校，那里没有祖母和外祖母，只有一位老师和许多的孩子，所以要想博取关注，只能靠打架。

"在与祖母们生活的时候，他在学校并没有取得好的成绩。"

学校不是适合他的地方，他没有为此做好心理准备。学校是测试他合作能力的地方，而他并没有接受过这方面的训练。母亲是最能培养这种合作能力的人。

"他的父亲在一年半前再婚了，于是他开始和继母一起生活。"

这个家庭必然会因此陷入困境。无论是继母还是继父，一旦介入孩子的生活，问题就会接踵而至。有关继父母的问题由来已久，没有很好的解决办法。孩子深受其苦，即使是全世界最好的继母，也很难避开冲突。当然，这并不是在说，继父母的问题是完全无解的，只是说需要掌握一定的技巧。首先，继父母不能认为自己理所应当地必须得到孩子的喜欢，而是应该努力赢得孩子的喜欢。如果再加上两位祖母的干预，那么继母和孩子之间的矛盾将进一步加深。

"继母刚加入这个家庭时，曾试图表达出爱意。因此，她用尽一切努力赢得男孩的好感。不过，男孩还有一个哥哥，这也是一个问题。"

哥哥也是个好斗分子，两个兄弟之间一定会展开可怕的较量，这会让整体的情况更糟糕。

"男孩害怕父亲，只听从父亲的管教，而继母只好向父亲告状。"

这无异于承认自己无法管教孩子，所以只好把问题踢给了父亲。但当继母总是用"我会告诉你爸爸"这样的话威胁他们时，孩子们就了解了她的无能，知道她已经放弃了对他们的管教。所以，他们一有机会就会支配她。本案中的继母通过向父亲告状的方式显示出她有自卑情结。

"只要男孩答应表现良好，母亲就会带他去商场玩，给他买东西。"

这显示，母亲处于困境中。为什么呢？因为祖母的光芒盖过了母亲，孩子们认为祖母更重要。

"祖母只是偶尔来看看他。"

一个只来几小时的人总是很容易扰乱家庭秩序，然后把所有麻烦留给母亲。

"家里似乎没人喜欢这个孩子。"

家里似乎没人真正爱他，他们不再喜欢他，在被宠坏了之后，连祖母也不再喜欢他了。

"父亲经常鞭打他。"

然而鞭打起不到任何作用。孩子喜欢被表扬，表扬总能让他心满意足。但他不知道如何通过正确的行为赢得表扬。他更喜欢向老师要求表扬，而不是通过努力赢得表扬。

"如果受到表扬，他会表现得更好。"

当然，对所有想成为关注焦点的孩子来说都会如此。

"教师不喜欢他，因为他总是带来负能量。"

但他只能这样，因为他是一个斗士。

"他有遗尿症。"

尿床同样是男孩渴望得到他人关注的手段，他不直接对抗，而是采取这种间接的手段。除了尿床，孩子能想到的间接对抗的方式还有哪些呢？半夜叫醒母亲，夜晚尖叫，在床上看书不睡觉，早上赖床，不良的饮食习惯……总之，他总有办法让人一直关注他，但惯用的伎俩就是遗尿症和语言障碍。

"母亲试着在夜间多次唤醒他，以矫正这个坏习惯。"

由此一来，母亲必须在夜间陪他起夜，男孩反而因此达到了目的。

"同龄人不喜欢这个男孩，因为他想要支配他们，只有一些弱小的孩子想着去模仿他。"

男孩软弱、缺乏自信，毫无直面生活的勇气。学校里弱小的孩子都喜欢模仿他，是因为他们和这个男孩在本质上是一类人，都想要通过这种方式博取他人的关注。

"有时候，他也没那么令人讨厌，有时他也会在学业上取得一定进步，其他孩子也都会为他感到高兴。"

当他取得进步时，其他孩子也为他感到高兴，而这表明教师的教育卓有成效，教师也十分清楚该如何让合作精神在孩子们当中生根发芽。

"男孩喜欢和其他孩子在街头踢球。"

当他确信自己能够成功地战胜对手时，他才会与他人建立联系。

我们已经与男孩的继母讨论过一些情况，并向她解释了为何祖母和孩子的关系让她的处境变得如此艰难。我们也向她解释了男孩嫉妒哥哥，害怕落后于人的心理。在面谈期间，男孩一言不发，尽管我们反复告诉他诊所的人都是他的朋友。对于这个男孩来说，交谈意味着合作，而他想要战斗，所以他选择保持沉默。这是他拒绝解决语言障碍时所表现的社会意识的缺乏。

这可能看起来令人惊讶，但事实上这种情况在成年人中间也很常见，即通过沉默表达抗争。曾经有一对夫妇发生了激烈争吵，丈夫对妻子大声尖叫说："看，你沉默了！"她回答说："我没有沉默，我只是不说话！"这个男孩也是一样，他也"只是不说话"。然而面谈结束时，男孩似乎不想离开。我们告知男孩下周与他的父亲一起再来，但他仍旧没有离开的意思。与此同时，我们对他说："你的表现很正常，不说话，因为你一直喜欢反着来。如果有人想要你说话，你就保持沉默；在学校应该保持沉默的时候，你却通过讲话破坏课堂秩序。你认为这样做就是英雄。如果我们告诉你'一句话也不要说'，那么你就会开口说话。我们只需要引导你做相反的事情，就能撬开你的嘴。"

很显然，这个孩子想要说话，因为他需要回答问题。这样一来，他就通过语言完成了与我们的合作。然后，我们可以向他解释情况，让他意识到自己的错误，从而逐渐改进。

面对这种情况，我们应该记住，只要让这种类型的孩子处于他已习惯的旧环境中，他就永远没有改变的动力。母亲、父亲、祖母、老师、同伴都已经融入了他习惯的生活方式中，形成了一种固定的态度。但是当他来到诊所时，他面对的是一种全新的环境，我们甚至应该让这种新环境始终保持"全新"，这样他才能更好地展现他在旧环境中已经形成的某些性格特征。在这种情况下，告诉他"你一句话也不要说"是个好主意，因为他肯定会说"我就要说话"，这样就不会让他觉得我们是在直接与他对话，从而解除了他的防御机制。

来到诊所，孩子们就像站在了演讲台，要面对很多听

众，这会给他们留下深刻的印象。在这个全新的环境中，他
们会发觉自己原来不仅仅局限在自己那狭小的圈子中，还有
很多人对他感兴趣，这让他们感到自己是一个大的整体的一
部分。这让他们比之前更想融入这个整体，尤其当他们被再
次邀请前来时，他们一定会欣然前往。他们已经知道这里将
会发生的一切，会有很多人询问他，关心他的进展，等等。
有的孩子需要一周来一次，有的孩子需要每天都来，这取决
于病例的具体情况。他们在这里会得到行为矫正，他们也知
道这里没有人会指责和批评他们，而是以一种打开天窗说亮
话的方式进行公开讨论，而这种讨论往往能给他们留下深刻
印象。如果一对夫妻吵架，其中一个打开了窗户，吵架就会
戛然而止，因为此时的环境发生了变化。打开窗户意味着他
们争吵的声音很可能会被别人听到，而家丑不可外扬。同
理，当孩子愿意来诊所接受治疗时，他们往往就迈出了成功
的第一步。

꙳ 案例3

这是一个13岁半的孩子，他是家里的孩子中最年长的
一个。

"他在11岁时，智力测试达到140。"

可以说这是一个相当聪明的孩子。

"自从他进入高中的第二个学期以来，他就几乎没有取
得什么进步。"

根据经验，我们知道，如果一个孩子自认为很聪明，很

可能就会产生一种得到一切都应该不费吹灰之力的想法，而这往往造成他停滞不前。我们发现在青春期，这样的孩子往往觉得自己比实际年龄更成熟，于是总想证明自己不再是孩子了。但越是想要证明自己，就越会在现实生活中遇到困难，然后陷入自我怀疑：自己是否真的像大家以前认为的那样聪明？因此，告诉一个孩子他很聪明或者他的智商高达140是不明智的。孩子们不应该知道他们的智商，父母也不应该知道。如果这么做了，有些聪明的孩子就很可能遭遇重重挫折。一个有野心但不知道怎样做才是正确的孩子，往往会为了获得成功而选择错误的方式，结果变得神经质、懒散或者虚度光阴，最后走上犯罪的道路，甚至自杀。到了最后，他们还是要为自己的种种错误行径寻找借口。

"他最喜欢的科目是科学，喜欢和比他年纪小的男孩相处。"

我们知道，与年纪更小的孩子来往是为了显得自己更优越，以便成为领导者。这有时是一个可疑的迹象——说明男孩在模仿父亲的行为模式。尽管不总是如此，但归根结底，这对孩子是大为不利的，表现父性本能意味着有意排斥与年纪较大的孩子玩耍。

"他喜欢足球和棒球。"

因此，我们可以假定他非常擅长这两项运动。除此之外，我们还听说他擅长某些方面，却对另一些领域丝毫不感兴趣，这都意味着他喜欢积极参与那些他确定会成功的项目，而拒绝参加他没有把握的项目。这种行事方式当然是不正确的。

"他喜欢玩纸牌游戏。"

这意味着他在消磨时光。

"他把注意力全部转移到了纸牌上,为此可以通宵达旦地玩,可以荒废作业。"

这才是父母找到我们的真正原因,他们对男孩所有的不满归结起来只有一点:他沉迷纸牌游戏,学业停滞不前,而这无异于浪费时间。

"婴儿时期,男孩发育较为迟缓,两岁后才开始迅速发育。"

我们不知道为什么男孩在他生命的最初两年会发育迟缓,也许是因为父母太过溺爱他了。被溺爱的孩子往往说话迟、不爱动,因为他们喜欢沉浸在有人帮他们打理一切的感觉中,而这导致他们不必着急长大。但两岁后他开始迅速发育,唯一的解释是孩子被某种东西刺激到了,在这种强烈的刺激下,他必须成为一个聪明的孩子。

"他性格中的优点是诚实和固执。"

只知道他具有诚实的品质是不够的,当然诚实确实是一个优点,但我们不知道他是否利用诚实攻击他人。如果是这样,诚实很可能就成了他炫耀的一种方式。我们知道他是一个喜欢领导和指挥他人的人,这种诚实可能是他追求优越感的一种表现。至于固执,他总是想要按自己的方式行事,不愿意受他人引导。

"他经常欺负弟弟。"

这验证了我们之前的判断：他想成为领导者，一旦弟弟不服从他的领导，他就会欺负弟弟。而这种行为本身就代表着不诚实。所以，我们不难发现，男孩其实是个爱撒谎的人，甚至有些自吹自擂，因为这能表现他的优越感。

在这个案例中，男孩的表现实际上隐藏着一种自卑情结。因为别人对他的评价太高了，他觉得心虚，于是他开始贬低自己，但这种贬低太过分时，他又不得不通过吹嘘一番加以弥补。因此，过分夸奖一个孩子聪明是极为不明智的，这样他会认为人们对他的期望太高，当他发现自己很难达到这种期望时，他就会感到恐慌，结果就是他会把真实的自己隐藏起来，让别人无法发现自己的弱点，接着欺负弟弟的情景就出现了。这就是他的生活方式。

一旦生活中遇到难以解决的问题时，他就会痴迷于玩牌，因为玩牌时，没人发现他是自卑的，即便他的学习成绩已经一塌糊涂。父母会为他代言，说他成绩不良是因为沉迷于玩牌，这样他的目的就达到了，有人替他挽回了尊严。他的真实想法是这样的："没错，我喜欢玩牌，所以我的成绩一落千丈；如果不是喜欢玩牌，我一定能取得好成绩。"他为这样的自欺欺人感到舒适和心满意足，因为他的自卑得以隐藏，所以他不会改变自己。

因此，我们必须友善地向他揭示这一切，并证明他的行为反而证明了自己的自卑，而真正能消除这种自卑感的方法只有一个，那就是变得足够强大。对此，我们只能不断地鼓励他，同时停止夸赞他的智商，不再给他施加心理负担，以避免令他陷入永远无法成功的恐惧中。我们都十分清楚这一点，随着年龄增长，智商多高越来越不重要，所有优秀的实验心理学家都知道，智商只能显示测试所反映的当前情况，而生活太过复杂，根本无法通过测试进行全面了解。高智商并不能证明一个孩子能够解决生活中的所有问题。

总之，男孩真正的困境在于缺乏社会情感和自卑，我们有必要向他解释清楚。

❧ 案例4

这是一个8岁半的男孩。这个案例展示了孩子是如何一步步被宠坏的，而被宠坏的孩子常常会变得神经质，并走上犯罪的道路。我们这个时代最需要的是停止溺爱，这并不意味着我们不喜欢孩子，而意味着我们不应再纵容他们。我们应该像对待朋友一样平等地对待他们。这个案例非常宝贵，因为它描绘出一个被宠坏的孩子的所有特征。

"这个孩子在学校反复留级，直到现在才上二年级上半学期。"

一个在学校反复留级的孩子很可能被认为智力低下，我们在分析中也必须将这种可能性考虑在内。但是，如果孩子一开始表现良好，而后突然成绩变差，那么就可以排除智力低下的可能性。

"他喜欢像婴儿那样说话。"

他想要像婴儿时期那样得到宠爱，所以模仿婴儿。但这意味着他给自己设立了一个目标，认为像婴儿一样行事是对他有利的，这直接排除了智力低下的可能性。他不喜欢学校作业，因为他从来没有为上学做好心理准备。因此，他没有在学校发展社交能力，而是通过与环境斗争的对抗态度表达他的努力。这种对抗态度导致他每次都留级。

"不服从哥哥，甚至与哥哥打架。"

由此我们得知，对他来说，哥哥是一个阻碍。为什么呢？可能哥哥是一个好学生。他唯一能与哥哥竞争的方式就是表现得糟糕一点。在他的幻想中，他认为假如自己是个婴儿，就能超过哥哥。

"他22个月大时才学会走路。"

单纯看这一点，他可能患有佝偻病，但也可能一直以来，母亲对他保护过度了，尤其在他出生后的22个月里，一直在他身边。如此一来，往往孩子越不会走路，母亲越是关注他、溺爱他。

"他说话很早。"

现在，我们更加确定，他的智力毫无问题，因为智力低下的主要表现就是说话障碍。

"他总是模仿婴儿说话，但父亲依然很爱他。"

他的父亲也很溺爱他。

"他更偏爱母亲。母亲有他和哥哥两个儿子，母亲总是夸哥哥很聪明。他经常和哥哥打架。"

很多家庭存在这种兄弟间的竞争，尤其家里有两个孩子时，这种竞争关系会一直伴随孩子长大。从心理学的角度来看，这种竞争关系是因为第二个孩子出生后，第一个孩子感受到了冷落，正如我们第八章已经提到过的。只有培养起两个孩子的合作意识，才能避免这种情况的发生。

"他算术很差。"

对于被宠爱的孩子来说，在学校最困难的通常是算术，因为算术涉及一定的社会逻辑，而被宠爱的孩子往往缺乏这种逻辑。

"他的大脑发育有障碍。"

我们没有发现这个孩子大脑发育有问题，他的行为举止证明他很聪明。

"母亲和老师认为他有手淫的情况。"

他可能确实有这种情况，但其实大多数孩子会手淫。

"母亲说他有黑眼圈。"

我们不能仅凭黑眼圈就判断他是否手淫，这是一种认识误区。

"他吃饭非常挑剔。"

他总是希望将母亲据为己有，甚至在吃饭时也是如此。

"他害怕黑暗。"

害怕黑暗是被溺爱的孩子的常见表现。

"孩子的母亲说他有很多朋友。"

我们有理由相信这些朋友都是甘愿被他支配的人。

"他对音乐很感兴趣。"

我们发现，音乐人的耳朵曲线往往发育良好。当我们看到这个男孩时，我们确信他的听觉十分灵敏。这种敏感可能表现为对和谐旋律的偏爱，而拥有这种耳朵的人可能具有良好的音乐天赋。

"他喜欢唱歌，但他有耳疾。"

这样的人很难忍受日常生活的噪声，而他们往往比其他人更容易患耳疾。听力器官的构造来自遗传，这就是为什么音乐天赋和耳疾会代代相传。这个男孩正遭受耳疾之苦，而他的家族中也确实有一些非常具有音乐才华的人。

治疗这个男孩的方法是努力让他变得更独立和自信。目前，他不够独立，希望母亲永远陪伴自己，永远不离开他。他总是希望得到母亲的支持，而母亲也很乐意一直支持他。现在，他正在通过自由地做自己想做的事、自由地犯错实现自立。他要学会与哥哥终止竞争关系，但问题是，现在兄弟两个都认为母亲更偏爱对方，因此彼此之间存在着毫无必要的嫉妒心。

特别需要注意的是，我们要让这个男孩去学会勇敢地面对校园生活中的问题。想象一下，如果他离开学校会发生什么？一旦他开始逃课，他就会偏离生活的有益方面，他会继续逃学，直到彻底辍学，离家出走，与社会不良青年为伍。预防胜过治疗，现在及早干预，让他适应学校生活，要比等他走上犯罪道路再干预要好得多。学校就像是一场紧要的考验，只是目前，他还没有准备好以社会化的方式解决问题，这就是为什么他在学校会困难重重。学校应当让孩子重获勇气，但我们也要明白，学校并不是万能的，也许班级人数太多，也许孩子遇到的老师缺乏相关的心理常识，这些都是让孩子走向不归路的原因。如果男孩有幸能遇到一位好的老师，能鼓励他重获信心和勇气，那么他就还有得救的机会。

✎ 案例5

这是一个 10 岁女孩的病例。

"她因学不会算术和拼写而来到我们的诊所。"

被溺爱的孩子往往很难学会算术，这并不绝对，但就我们的经验来看，这是一个不可小觑的事实。

我们知道，左撇子孩子通常会存在拼读困难的情况，因为他们从小养成了从右到左看的习惯。他们往往能正确阅读和拼写，只是顺序颠倒了。但人们通常无法看到这一层，他们只看到这类孩子拼读困难，便认定他们学不会拼读。因此，我们怀疑这个女孩可能是左撇子，也许她在拼写方面有困难还有另外一个原因。如果她身在纽约，我们要考虑她是否来自另一个国家，是否不太理解英语；如果她身在欧洲，就不必考虑这样的想法。

"她在过去曾遭遇重大家庭变故，这个家庭在德国险些破产。"

我们不知道他们是什么时候从德国移民来的，但可以确定的是，这个女孩曾有过一段美好的时光，但它戛然而止了。新的环境对这位女孩来说就像一场考验，这时就能看出女孩是否已经具备合作意识、是否拥有社会情感、是否有勇气适应社会，以及是否能承担贫穷带来的压力了（换句话说，她是否会向他人寻求帮助）。但目前来看，她尚无合作意识。

"她在德国是个好学生，8 岁离开德国。"

这发生在两年前。

"她在美国的学校表现很差，拼写困难，美国的算术教学方式与德国也不相同。"

老师并不会一直关照这个女孩。

"女孩非常依恋母亲，她们之间有着深厚的感情，她同样爱着父亲。"

当问及"你更喜欢妈妈还是爸爸"时，孩子们通常会回答："都喜欢！"在父母的眼皮子底下，他们往往会这样回答，但这种回答是不是真实的呢？可以监测一下。我们把孩子置于父母之间，当我们和父母交谈时，孩子往往会靠近更喜欢的那一位。或者当父母在房间里，而孩子进入时，他们同样会靠近自己更依恋的那位。

"她有几位和她年龄相仿的同性朋友，但并不多。她最早的记忆是，8岁那年她和父母在乡间的草地上，和一只狗嬉戏打闹的场景。那时他们还有一辆马车。"

她记得家里还富有时的样子，记得漂亮的草地、狗和马车。这就像曾经富有的人，总是回忆过去拥有过的轿车、马匹、漂亮房子、仆人等美好的日子。由此，我们看出女孩对现状的不满，这可以理解。

"她会梦到圣诞节，以及圣诞老人给她带来礼物。"

她的梦境表达了与她清醒时相同的生活渴望。她总是想要更多，因为她感到被剥夺了，她想要重拾过去所拥有的一切。

"她总是依偎在母亲身边。"

这表明她在学校遇到了很多困难和挫折。我们应该让她知道，虽然她学习起来比其他小孩更困难，但通过努力，勇敢进取，完全可以取得进步。

"她再次来到诊所，独自一人。学校的情况已经稍微好转了一点，她在家里也能自食其力了。"

我们曾建议她要独立，不要过多地依赖母亲，要自己做力所能及的事。

"她为父亲做了早餐。"

这显示她有了发展合作意识的迹象。

"她相信自己更勇敢了，在这次面谈中，她也表现得更自信、更自在了。"

我们建议她与母亲再来一次诊所。

"她和母亲一起来诊所了，由于母亲一直辛勤工作，这是她第一次来诊所。从她母亲的口中我们得知，女孩是在2岁时领养来的，但她自己并不知道这一事实。2岁之前，她曾辗转于5个不同家庭。"

这不是一个美好的过去。看起来，这个女孩在她生命的头两年里吃了很多苦。因此，我们面对的是这样一个孩子，她可能曾经被忽视和遗弃，直到遇到现在的母亲才得到了好的照顾。女孩很依赖现在的环境，这可能源自早年头脑中留下的对于悲惨遭遇的记忆。对于一个2岁的孩子来说，她的遭遇太刻骨铭心了。

"然后当母亲领养她时，所有人都因为女孩的出身不好而要她严加管教女孩。"

给出这个建议的人深受传统观念的蒙蔽。如果母亲听了建议，对女孩严加管教，但女孩依然问题重重，那么人们又会说："你看，我说得没错！"他不知道，他们的错误看法也是把孩子推向问题儿童的原因。

"女孩的生母对她不好，因此养母感到自己有责任抚养好女孩，有时也会责罚她。"

在女孩看来，她的处境并不轻松，因为不知为什么养母有时会一转溺爱的态度，而代之以责罚。

"养父很纵容女孩，会给她想要的一切。她想要从养母那里得到什么东西时，从来不说'请'或'谢谢'，而是说'你不是我的妈妈'"。

这个女孩要么知道自己不是他们的亲生孩子，要么很会恰到好处地表达。曾有一位20岁的男孩声称自己不是父母亲生的，可他的养父母从来没有告诉过他这个事实。显然，孩子们会根据很小的事物自己得出结论。本案也一样，也许养父母只是一厢情愿地认为女孩不知道她是被领养的，但其实她早就有所察觉。

"但她只对母亲说了这种话，而没有对父亲说过。"

因为父亲对她有求必应，她没有机会对父亲说。

"母亲无法理解她在新学校的变化。现在她的成绩很差，母亲不得不打她。"

可怜的女孩因为成绩不好而感到羞辱和自卑，然后，母亲还打她……这太过分了。每一件事都太过分了，无论是被打还是成绩很糟。在让孩子把成绩单拿回家时，老师应该考虑到这样会不会引发家长的体罚。正确的做法是，不把成绩单发给孩子。

"女孩说有时会控制不住地想发脾气。她在学校经常由于情绪失控而影响课堂秩序，她认为自己永远应该排在第一位。"

作为家里备受父亲宠爱的独生子女，她一直有着争第一的渴望。这不难理解。女孩的印象中还保留着过去富有的乡间生活的图景，现在她失去了过去优越的生活，因此她更加迫切地想要追求优越感。女孩只是找不到正确的表达途径，于是总是情绪失控，扰乱课堂秩序。

我们应该向她解释，解决问题的关键在于学会树立合作意识。女孩在学校的种种表现都只是为了吸引别人的注意。她在学校不好好学习，是因为她的母亲对她的成绩不满，她故意在与母亲作对。

"她经常梦到圣诞老人给她带来许多礼物，醒来后却是空欢喜一场。"

女孩总是希望唤起这种拥有一切所需的感觉和情绪，然后"醒来却是空欢喜一场"。这样的梦境自然会让人感到失望。然而，梦所唤起的情绪与醒来后的态度是一致的。换句话说，梦的情感目标不是唤起拥有一切的美妙感觉，而是确切地感到失望，梦就是为了实现这一目标而被创造的，直到目标得以满足，即失望发生。抑郁症患者的梦就是如此，他们往往做了很美妙的梦，但醒来发现事情恰恰相反。其实我们不难理解为什么这个女孩苦苦寻求失望感，因为她想控诉母亲，控诉当前如此暗淡的生活。她觉得自己一无所有，母亲也不给她任何东西。女孩说："她打我，只有爸爸给我想要的一切。"

总结以上案例，我们可以看到这个女孩总想感受失望，因为这样她就可以控诉母亲。她在与母亲抗争，如果想要停止这场斗争，就必须说服她，让她意识到她在家里的行为、她的梦境和她在学校的行为都源自同一错误的行为模式。她之所以会形成这种错误的行为模式，在很大程度上是因为她初来美国不久，英语水平不是很好。因此，我们必须说服她，让她相信这些困难是可以轻松克服的，只不过她之前将困难当作与母亲抗争的武器。我们还应该劝说母亲停止打孩子的行为，不给孩子一点争吵的借口。孩子必须认识到学习不专心、情绪失控、发脾气，都是因为她想给母亲添乱。如果她知道这一点，自然就会停止这些不良行为。而在她能理解家庭、学校和梦境中所经历的一切以前，她的行为是不可能发生改变的。

由此可知，心理学的本质是研究个体理解与运用印象和经历的方式方法。换句话说，心理学意味着理解孩子行为的模式和研究孩子对刺激做出反应的方式方法，理解孩子如何看待特定的刺激，如何对其做出反应，以及如何利用这些刺激实现自己的目的。